カラーコーディネーター入門
色彩　改訂増補版
[目　次]

1. 色とは ─────────────── 2
　1-1 色と光 ･････････････････････････ 2
　1-2 表面色の色の見え方 ･････････････ 4
　1-3 色を見るための光 ･･･････････････ 4
　1-4 視覚のメカニズム ･･･････････････ 4
　1-5 色覚説 ･･･････････････････････････ 5
　　1-5-1 ヤング‐ヘルムホルツの三原色説 ･･･ 5
　　1-5-2 ヘーリングの反対色説 ･･････････ 6
　　1-5-3 色覚の段階説 ･････････････････ 7
　1-6 色覚異常 ･････････････････････････ 7
2. 色の記録、伝達の方法 ───── 8
　2-1 JISの色名 ･････････････････････ 10
　2-2 PCCS系統色名 ･････････････････ 12
　2-3 ISCC-NBSシステム ･････････････ 13
　2-4 マンセルシステム ･････････････････ 14
　2-5 PCCS ･････････････････････････ 16
　2-6 オストワルトシステム ･････････････ 20
　2-7 NCS ･････････････････････････････ 22
　2-8 DIN色票 ･････････････････････････ 22
　2-9 カラーハーモニーマニュアル ･･･････ 23
　2-10 色の標準 ･････････････････････････ 23
　2-11 XYZ表色系 ･････････････････････ 24
　2-12 L*a*b*表色系（色差の表色方法） ･･･ 26
3. 色の混合 ─────────── 28
　3-1 加法混色（同時加法混色） ･･･････ 28
　3-2 継時加法混色 ･････････････････････ 30
　3-3 並置加法混色 ･････････････････････ 31
　3-4 減法混色 ･････････････････････････ 32
4. 照明 ────────────── 34
5. 色彩の心理 ───────── 36
　5-1 色の働き＝色の見えの効果 ･････････ 36
　　5-1-1 負の残像（陰性残像） ･････････ 36
　　5-1-2 継時対比と同時対比 ･････････ 36
　　5-1-3 明度対比 ･･･････････････････ 37
　　5-1-4 色相対比 ･･･････････････････ 37
　　5-1-5 彩度対比 ･･･････････････････ 37
　　5-1-6 補色による彩度対比 ･･･････････ 38
　　5-1-7 色陰現象 ･･･････････････････ 38
　　5-1-8 縁辺対比 ･･･････････････････ 38
　　5-1-9 その他の視覚現象 ･････････････ 39
　　5-1-10 同化現象（フォン＝ベゾルト効果） ･･･ 40
　　5-1-11 色の面積効果 ･･････････････ 41
　　5-1-12 色の視認性 ･･････････････････ 41
　　5-1-13 色の誘目性 ･･････････････････ 42
　　5-1-14 進出色・後退色 ････････････ 42
　　5-1-15 膨張色・収縮色 ････････････ 42
　5-2 色のイメージ、連想 ･･･････････････ 43
　　5-2-1 色のイメージ ････････････････ 43
　　5-2-2 色彩と連想 ･･････････････････ 45
　　5-2-3 色彩と象徴 ･･････････････････ 47
6. 色彩調和 ──────────── 48
　6-1 自然の色の秩序 ････････････････ 48
　6-2 色相を基準にした配色 ･････････ 49
　6-3 明度を基準にした配色 ･････････ 50
　6-4 彩度を基準にした配色 ･････････ 51
　6-5 トーンを基準にした配色 ･･･････ 52
　　6-5-1 同一トーンによる色彩調和の関係 ･･･ 52
　　6-5-2 類似トーンによる色彩調和の関係 ･･･ 53
　　6-5-3 対照トーンによる色彩調和の関係 ･･･ 53
　6-6 配色技法 1 ･･･････････････････････ 54
　　6-6-1 ベースカラーとドミナントカラー ･･･ 54
　　6-6-2 セパレーション効果による配色 ･･･ 55
　　6-6-3 アクセント効果による配色 ･････ 56
　　6-6-4 グラデーション効果による配色 ･･･ 56
　　6-6-5 レペティション効果による配色 ･･･ 57
　6-7 配色技法 2 ･･･････････････････････ 58
　　6-7-1 トーンオントーン配色 ･･･････ 58
　　6-7-2 トーンイントーン配色 ･･･････ 59
　　6-7-3 トーナル配色 ･･････････････ 59
　　6-7-4 カマイユ配色、フォカマイユ配色 ･･･ 60
　　6-7-5 トリコロール配色、ビコロール配色 ･･･ 61
　6-8 イメージと配色 ･･････････････････ 62
7. 色彩調和論 ─────────── 64
　7-1 ルードの色彩調和論 ･････････････ 65
　7-2 シュブルールの色彩調和論 ･･･････ 65
　7-3 ジャッドの色彩調和に関する見解 ･･･ 65
　7-4 ビレンの色彩調和論 ･････････････ 66
　7-5 オストワルトの色彩調和論 ･･･････ 67
　7-6 ムーン＆スペンサーの色彩調和論 ･･･ 68
　7-7 古典的な秩序の原理による配色の形式 ･･･ 69
8. 色彩計画 ──────────── 70
　8-1 カラープランニング ･････････････ 70
　8-2 目的と対象のとらえ方 ･･･････････ 70
　8-3 対象に対応した色彩表現の検討 ･･････ 71
　8-4 安全色及び安全標識 ･････････････ 71
9. 資料、用具 ─────────── 74
10. 色名 ────────────── 76
11. 色彩年表 ──────────── 82
12. 色彩用語 ──────────── 84

1 色とは

1. 色とは

色とは、『光によって感じる、物の感じ方の一つ。物に当たる太陽光線のうち、吸収されないで反射されたものを人の目が受けると、その物の色としてうつる。光の波長の違いで、赤・黄・緑・青・紫などさまざまの色が生じる。また、目の網膜にある視細胞の錐体という細胞が、波長が380〜780nmの光(可視光線)に刺激されて起こる感覚。色を感じる波長の光はすべて太陽光に含まれ、光を分光器にかけると、波長ごとに異なったスペクトルが現れる』と辞書では解説している。また、日本語の意味としては、「顔色・顔つき・趣・様子・調子・飾り・化粧・男女間の情事・色情・恋人」などの意味があり、外国語にはこのような多様な意味はない。例えば、英語のcolorは、「顔色・着色する・彩色する」といった意味がある程度である。このように色(色彩)には、科学的側面と民族(国)や歴史・習慣などの文化的側面とがある。

「図1-1 色を感じる経路」では、まず、光源からの光(照明)がぶどう(物体)に当たって反射した光を、人の目が受光する過程が示されている。ここまでは物理的(光学的)な過程である。次に、人の目(網膜)で受けとめた光の刺激が脳に伝達され、そこで色を感じる。この過程は主に生理学と心理学の分野である。また、外から受けた視覚情報によって脳は色や形などを認識するとともに、暖かい―冷たい、快―不快といった感情やイメージ、つまり心の働きが生じる。視覚情報は、次に人の脳にファイル(記憶)されている情報と重ね合わせて、意味の理解や自分にとって関係のある情報か否かの判断を行う。このような関係が図1-1に示されている。この章では、「光」とはなにか、その光によって生じる「色の見え方」、「色を見るための光」、「目と色覚(目の構造と網膜の働き)」について解説する。

1-1 色と光

太陽がしずみ、日が暮れて光がなくなると、色は見えなくなる。光によって色を感じることができるからである。では、その光(太陽光)とは何かという疑問が生じてくる。この点について、現代科学の祖と称される17世紀の物理学者ニュートンは、光学的な実験の結果「光」とは何かを明らかにした。彼は、1666年にプリズムを用いた実験(天体望遠鏡の改良実験のためといわれている)の結果、光とは波長の異なる光(電磁波)の集合であることを発見した。

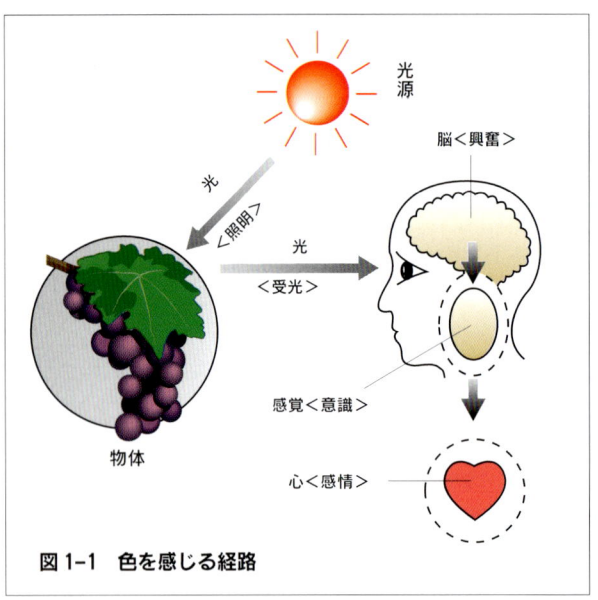

図1-1 色を感じる経路

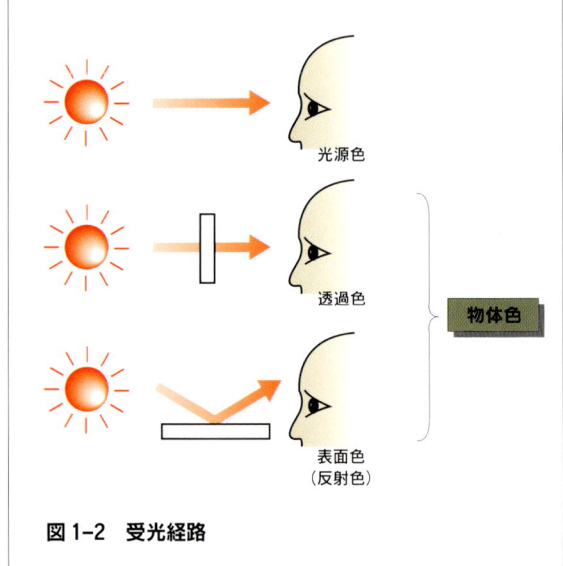

図1-2 受光経路

ニュートンは晴れた日に暗室の壁に小さな穴を空け、そこから導いた光(白色光)をプリズムに当て、その後方に白いスクリーンを置いた。プリズムを透過した光は分光し、スクリーン上にスペクトル(虹)を映し出した(図1-3参照)。これは、光には赤・橙・黄・緑・青・藍・青紫などの色の光(色光という)が含まれていることを意味する。また、スペクトルの色光すべてを収束レンズによって集める実験を行い、その結果すべての色光を集めるともとの光(白色光)となることも明らかにした。さらに、スペクトルのそれぞれの色光、例えば、赤の色光以外の色光は除いて、赤の色光だけを再びプリズムを通して背後のスクリーンに導くと、赤の色光そのものがスクリーンに投影された。このことから、赤の色光は(それ以外の色光も同様)それ以上分光しない単色光(単一波長からなる光)であることがわかった。これらのことから、光(白色光)には赤・橙・黄・緑・青・藍・青紫など、波長の異なる色光が含まれていることをニュートンは解明した。白色光とは、太陽光のように380〜780nm(ナノメーター・10億分の1m)の範囲の各色光が混合されている光のことで、一般に日中の外光のように白く感じる光をいう。

光の中で色としての視覚を人間に起こさせる範囲は、太陽から放射される電磁波のスペクトル部分で、これを可視光という。可視光は電磁波の一部で、赤外線や紫外線を除いた波長380〜780nmの範囲をさす(図1-3、図1-4参照)。青色光は波長が短く、赤色光は波長が長い。緑色光は中波長である。

目に感じる受光経路は、図1-2に示すように、光源色(光源そのものに赤や青などの色があるもの)や透過色(投射した光が、物体を透過した光の色)、表面色(物体の表面から光を反射することによって現れる色)の三種類がある。このような光が目に入ることで、人は色を感じるのである。

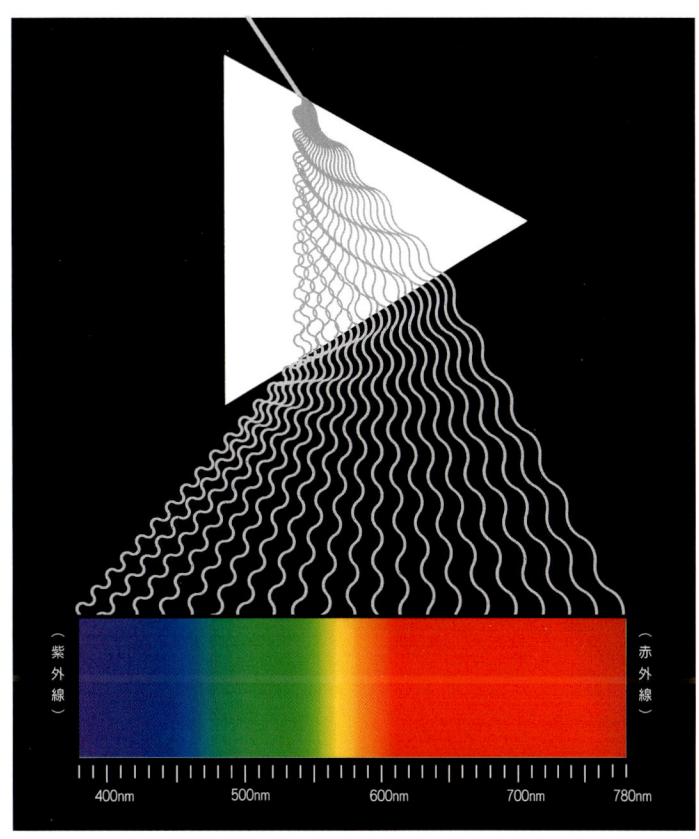

図1-3 プリズムによる白色光分解とスペクトル

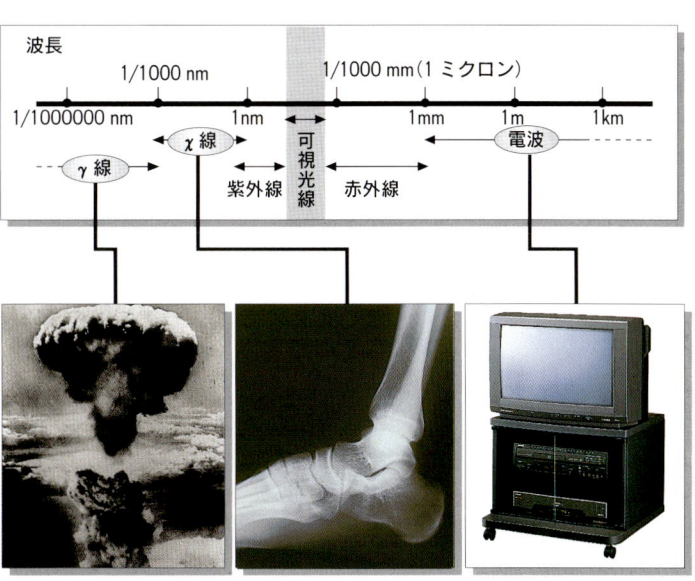

図1-4 電磁波の波長と種類

電磁波は、その波長(周波数)によっていくつかの種類に分けられる。人間が見ることのできる光は380〜780nmの範囲の電磁波で、それよりも短い波長では、紫外線、X線、γ線などに区別される。また、光よりも長い波長の電磁波は、赤外線や、テレビやラジオの電波となる。

● ― 1. 色とは

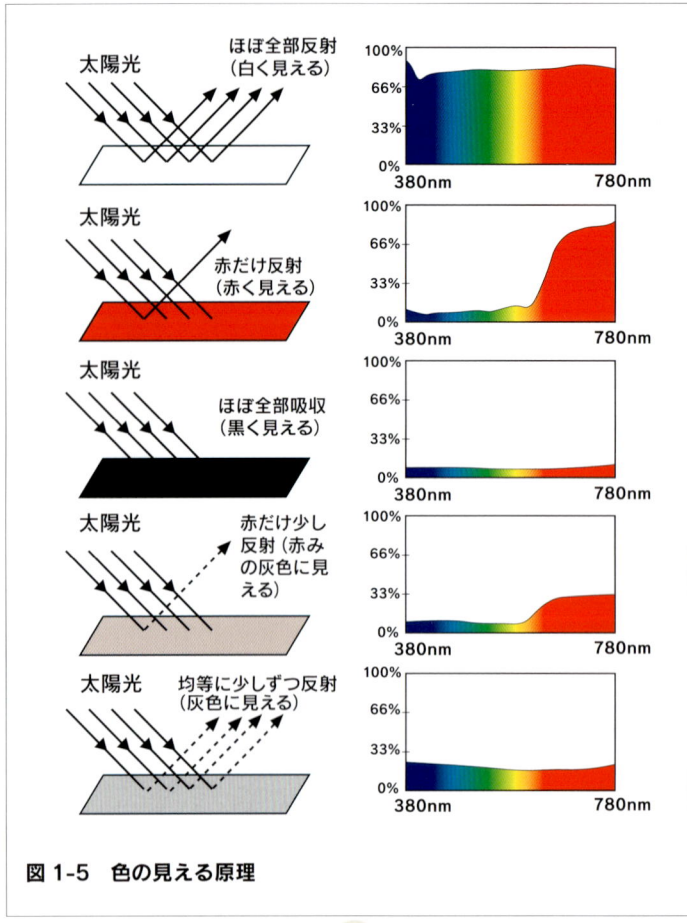

図1-5 色の見える原理

1-2 表面色の色の見え方

次に、光の反射によって色が見える原理について図1-5を参照しながら解説しよう。

太陽光が物体の表面に当たった際、ほぼすべての波長域の光を反射する物体の表面は「白」に見える（図1-5の最上図）。その右の図は、横軸は可視光の短波長（青紫の領域：380nm）から長波長（赤の領域：780nm）までの範囲を示し、縦軸は光の反射率を示している。このグラフを分光カーブ（曲線）という。「白」の場合、どの波長も平均して高い反射率を示している。二番目の図では、「赤」の光（長波長）を反射し、他の光は物体に吸収されている様子が示されている。三番目の図では、照射されている光のほぼすべてが吸収され、「黒」に見える。四番目の図は、長波長（赤の

光）が少し反射し、中〜短波長の光はほとんどが吸収されて、「赤みの灰色」に見える。五番目の図では、すべての波長域で光を少しずつ反射しているので、「灰色」に見える。このように、どの波長の光がどの程度反射されるかによって、色の見え方は決まるのである。

1-3 色を見るための光

物体の色は、光源（照明光）の違いによって、見え方は異なる。光源の種類には、自然光（太陽光＝白色光）と人工光がある。人工光は、古くはたき火やローソク、ランプの光であり、現在では白熱灯（タングステン電球）や蛍光灯が多く用いられている。白熱灯は長波長側の赤や橙の波長が多く、白色光と比較すると、分光分布に偏りがある。蛍光灯にも質の差がある。したがって、測色や色合わせをするためには、照明光の標準化が必要となる。標準イルミナント（標準の光）として4種あり、JISではそのうち2種（A、D_{65}）が規定されている（P34「照明」参照）。

1-4 視覚のメカニズム

目で物を見る感覚の働きを視覚という。視覚は、主として明暗や色・形・運動・遠近を総合した知覚である。

目の構造（図1-6）はカメラの構造に似ている。レンズは角膜と水晶体、絞りは虹彩、フィルムは網膜である。虹彩が目に入る光の量を調節し、角膜と水晶体が光を屈折させることによって、網膜に像を結ぶ。ピント合わせをするのが水晶体で、毛様筋が厚みを調節する。なお角膜は短波長の紫外線を吸収し網膜の損傷から保護するためのフィルターの役割を果たしている。水晶体と網膜の黄斑部も同様の働きをしている。

物体からの反射光が目に入り、網膜に達すると、光は網膜内の細胞を通過し、桿体細胞（以下桿体）と錐体細胞（以下錐体）が感じ取って電気的信号に変換し視神経によって脳に伝えられる。網膜の黄斑部（直径

2〜3mmの円形領域)に位置する中心窩には、視細胞の錐体が密集している。明るいところでは、この約700万個の錐体が働き、色(赤・緑・青)に反応する。暗いところでは桿体(約1億3,000万個が網膜全体に分布している)が働き、明暗だけに反応する(図1-7)。暗いところで色の見分けがつきにくいのはこのためである。

桿体には暗所の微弱な光を敏感にとらえるが、明所では活性しない性質がある。反対に錐体は明所で活性する。錐体には長波長域の赤色光に反応するL錐体、中波長域の緑色光に反応するM錐体、短波長域の青色光に反応するS錐体の3種の錐体が存在する。

視細胞がとらえた光刺激は網膜でのより上層の細胞で整理・統合がなされ、1－赤か緑、2－青か黄、3－白か黒(輝度感覚)のいずれかに整理される。これらの情報は視神経から脳の外側膝状体という中間地点を経由して後頭部に位置する大脳の視覚領と呼ばれる大脳皮質に伝えられ、さらに処理が加えられて、色を感じる。

可視光(380〜780nm)の各波長での目の感度を示す曲線を分光視感効率曲線というが、明所では主に錐体が働いて560nm付近でピークとなり、暗所では桿体が働き510nm付近でピークとなる(図1-8)。つまり、明所と暗所とでは目の感度にずれが生じるのである。暗所では、青は相対的に明るく見え、赤は暗く見える。このような現象をプルキンエ現象という(19世紀初頭チェコの生理学者プルキンエが発見した)。夕方になってうす暗くなると、赤の看板などが黒ずんで見えるのはこのためである。

1-5 色覚説

1-5-1 ヤング‐ヘルムホルツの三原色説

イギリスの医師で物理学者のヤング(1773-1829)は色覚の三原色説を1802年に発表し、その後ドイツの生理学者ヘルムホルツ(1821-1894)が発展させて完成させた色覚理論であるためヤング―ヘルムホルツ説ともいわ

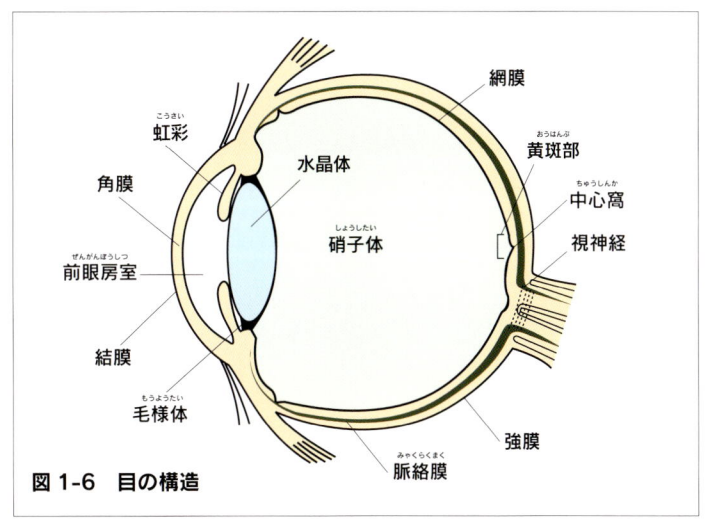

図1-6 目の構造

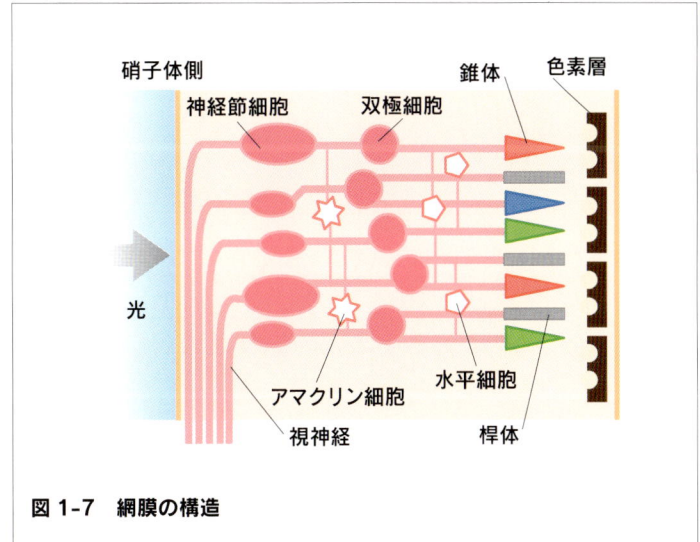

図1-7 網膜の構造

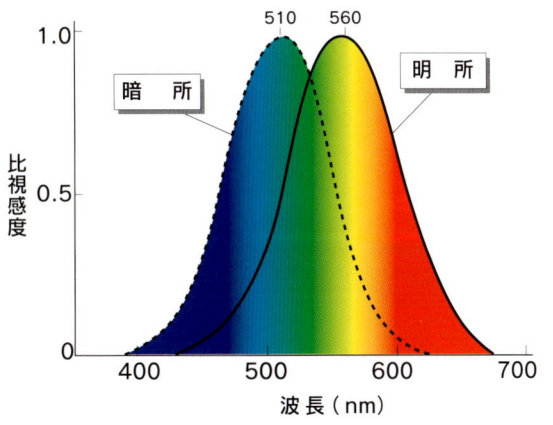

図1-8 明所と暗所での分光視感効率曲線

れている。

ヤングの説は光の三原色（R：赤・G：緑・B：青）の3種の色光を混色することで、あらゆる色を再現できるという物理的な原理を根拠としたもので、網膜にこの3種の波長の異なる色光に対応した3種の受容体（視物質）の存在を想定した理論である。図1-9に示すようにそれぞれの最大感度は長波長、中波長、短波長で、各々が引き起こす感覚は、赤、緑、青に対応する。

色光に含まれる波長別エネルギーの構成具合により、3種の受容体の興奮の度合いは異なる。例えば、赤色光に最大の反応を示したものが、他の緑や青の光線には反応の度合いは低下する。緑や青についても同様の反応を示すことから目（網膜）には3種の受容体が存在するという説である。この三原色理論は後に、カラーフィルムやカラーテレビに応用されている。

1-5-2 ヘーリングの反対色説

ドイツの生理学者ヘーリングにより1874年に発表されたもので、彼は赤、黄、緑、青の4色を色の基本感覚とし、かつ「赤と緑」、「青と黄」は同時に存在しない反対色（補色）で、各々に対応する正負の出力によって、さまざまな色感覚が生まれるとする説である。

この仮説は以下のような観察結果に基づく。黄色は三原色説では赤と緑の出力合成（混色）で出来る色だが、黄色からは赤と緑の色みを感じ取ることは出来ないため原色といえる。また、補色残像は三原色理論では説明できない。つまり赤の残像として緑、緑の残像として赤が見える。青と黄においても同様である。このような考えからヘーリングは網膜に、白＝黒物質、赤＝緑物質、黄＝青物質の3対のチャンネルを仮定し、それぞれの視物質は光によって、同化と異化という化学変化を起こすと考えた。同化は黒・緑・青の感覚をもたらし、異化は白・赤・黄を生じさせるというものである。白黒を除く4色をヘーリングの心理四原色ともいう。

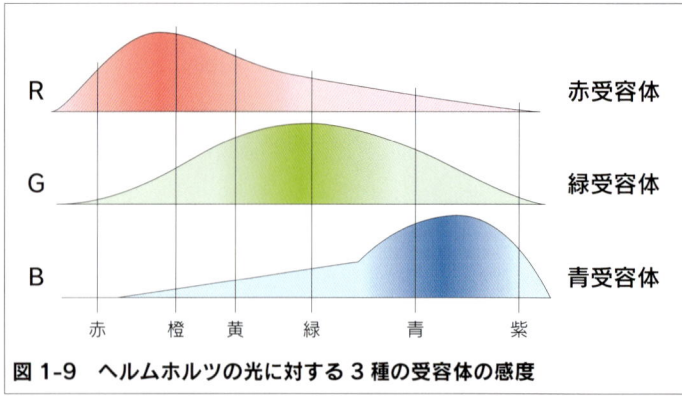

図1-9　ヘルムホルツの光に対する3種の受容体の感度

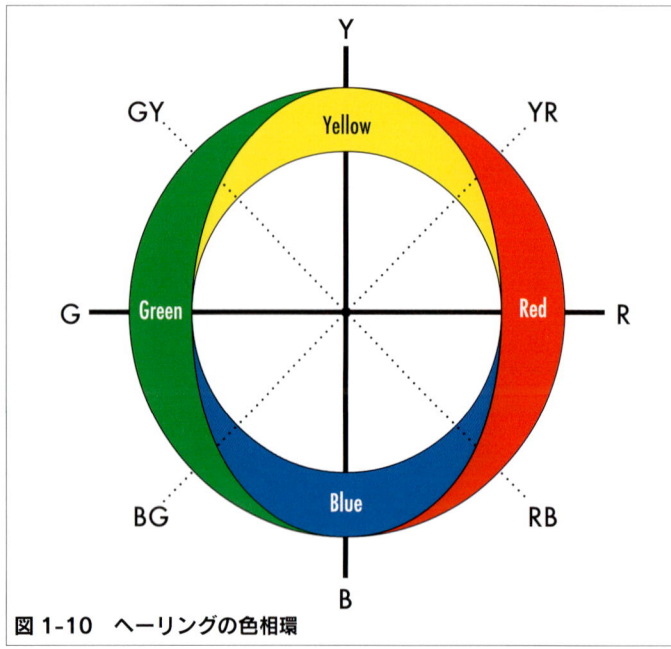

図1-10　ヘーリングの色相環

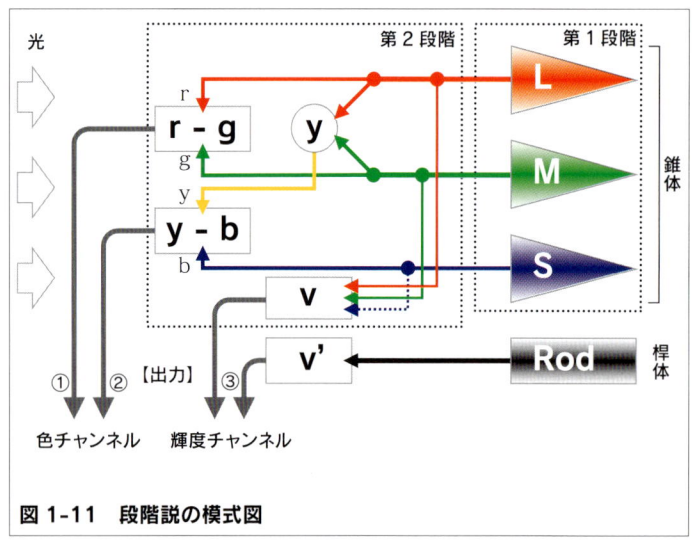

図1-11　段階説の模式図

図1-10はこの説によるヘーリングの色相環である。この説は後にオストワルト体系、PCCSやNCSの開発にも影響を与えた。

1-5-3 色覚の段階説

三原色説と四原色説の何れの説が正しいかという問いに対する回答が段階説である。この考えは、視細胞段階では三原色説に対応した光の処理機能が働き、それ以降の段階では反対色説に合致する処理がなされて4色の色覚が生まれるという説である。

図1-11に示すように、第1段階は、錐体による光のR・G・Bの分解過程で、錐体の長波長の赤、中波長の緑、短波長の青に反応する視細胞の処理が行われる。

第2段階では、3種の錐体が処理した3種（R・G・B）の光刺激は①−r（赤）/g（緑）、②−y（黄）/b（青）、③−白/黒（輝度）のチャンネルによって整理される。R・G・Bはヤング−ヘルムホルツの三原色、r・g・y・bはヘーリングの赤・緑・黄・青である。①と②は色のチャンネル、③は輝度（明るさ）チャンネルである。
①−赤/緑：L錐体（長波長）とM錐体（中波長）からの出力は、r−gユニットで赤か緑が出力される。
②−黄/青：L錐体とM錐体からの出力が合計して黄が生じる。その出力とS錐体の出力の差によって、青か黄かに切り替えられる。
③−明るさレベルは、L錐体とM錐体、S錐体からの出力が、合計されたものである。但し、S錐体の輝度への寄与は極めて低い。また、桿体からの出力も明るさレベルをとらえるために用いられる。このような情報が脳に伝達されて、色の感覚となる。このような段階説によって三原色説と四原色説の二説の矛盾を解消することができるというものである。

1-6　色覚異常

色覚異常とは、全ての色、または一部の色を識別できない異常をいう。つまり、色彩の弁別異常のことで、それには先天性と後天性がある。後天性のものは眼底や脳の疾患、加齢によるものなどがある。先天性の場合の発生率は、日本人男性の約5%、女性は0.2%程度で、人種では、白人、黄色人種、黒人の順に多く、順に男性の8%、5%、1～2%である。

先天性の色覚異常は、3種類の錐体の数や働きの程度から、図1-12のように分類される。

3種類の錐体のうち、いずれかの錐体の働きが悪いものを異常3色型色覚といい、いずれかの錐体をもたないものを2色型色覚という。また、錐体が1種類しかない場合と錐体がない場合を1色型色覚という。異常3色型色覚と2色型色覚をあわせて、L錐体に異常があるものを第1色覚異常、M錐体に異常があるものを第2色覚異常、S錐体に異常があるものを第3色覚異常という。第1色覚異常と第2色覚異常の場合は赤と緑の判別が困難であり、第3色覚異常の場合は青と黄の判別がしにくい。また、1色型色覚では色の明るさだけしか感じとることができない。第3色覚異常と1色型色覚異常は極めてまれである。

以上のことから、公共の表示物の文字や図柄の色彩（たとえば鉄道の路線図など）には色覚異常者や視覚能力の低下した高齢者への配慮が求められる。その際、特に見分けにくい色同士の解決法のひとつとして適度に明度差を強調することでより識別しやすくすることができることを知っておくと良いだろう。今日、多くの人々が利用するものの色彩にはこのような視覚のバリアフリーへの配慮が求められる。

名称	錐体			桿体
色覚正常	●	●	●	■
異常3色型色覚（色弱）	第1色覚異常 ▲●●	第2色覚異常 ●▲●	第3色覚異常 ●●▲	■
2色型色覚	第1色覚異常 ●●	第2色覚異常 ●●	第3色覚異常 ●●	■
錐体1色型色覚	●または	●または	●	■
桿体1色型色覚	―			■

●■：数多く存在し、よく働く　▲：数が少ないか働きが悪い

図1-12　色覚異常の分類

2 色の記録、伝達の方法

2. 色の記録、伝達の方法

人間の目は10万色以上の識別能力（色を見分ける能力）を持ち（図2-1）、測色器などによる光学的分類では100万色以上の分類が可能である。

情報化社会の今日、色の情報を伝え、記録する必要も増しているが、上記のように多くの色を正確に表すには、利用目的に即した記録・伝達方法が必要となる。以下にその方法と主な色名法・色彩体系について述べる。

1：色名による方法

通常の社会生活で色を色名で伝えようとする場合、大まかに20～30色程度をいい分けているにすぎない。また、専門的に色名を収集・分類してまとめても、300～500色程度の分類が可能となるにすぎない。色名の分類にあたっては便宜上、1) 基本色彩語、2) 系統色名、3) 固有色名、4) 慣用色名に大別する。

1) 基本色彩語……「白」「黒」「赤」「黄」「緑」「青」「紫」などのように基本的な色の区別を表す色彩専用語で、基本色名ともいう。「あか」という言葉は、その色の特徴を経験しながら自然に覚えていくもので、他の言葉によって赤の意味を説明することは難しい。このような経験の言語としての性格を持つ言葉を基本色彩語という。アメリカの文化人類学者バーリン（Brent Berlin）と言語学者のケイ（Paul Kay）が世界の98種の言語につい

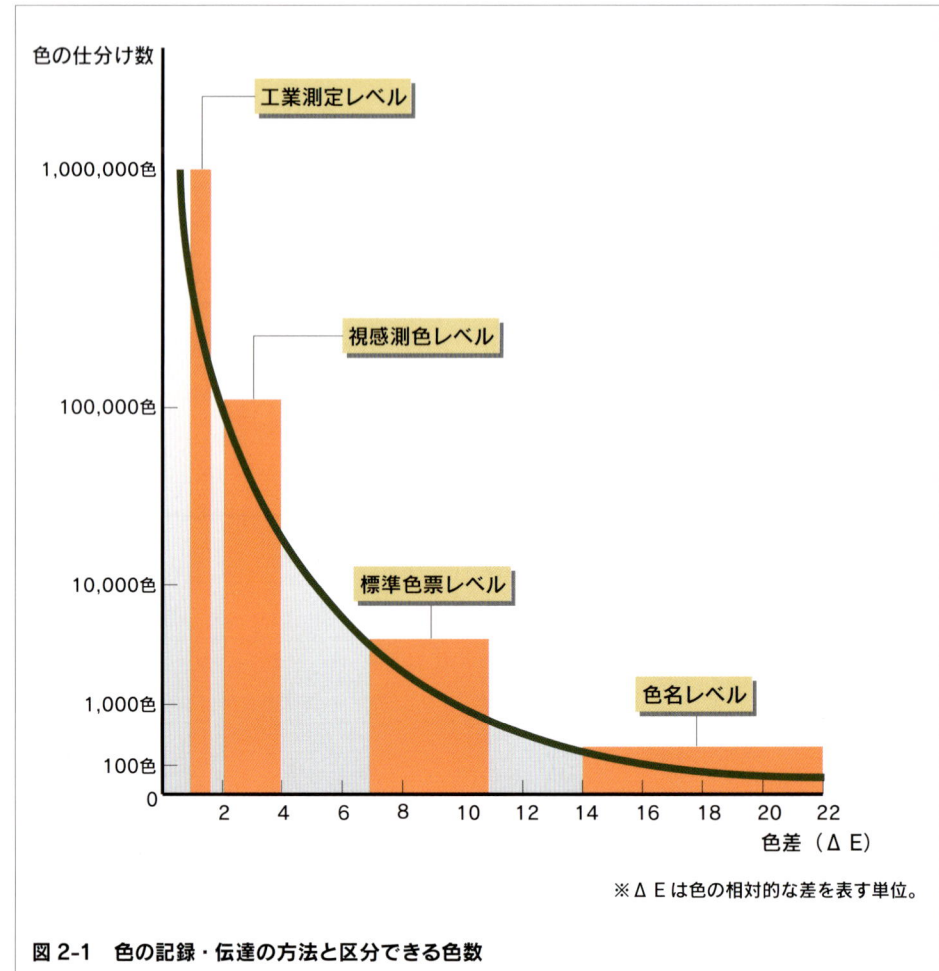

※ΔEは色の相対的な差を表す単位。

図2-1　色の記録・伝達の方法と区分できる色数

て基本色彩語にあたる言語を調べた（1969年）。その結果は、文化の違いにより最小は白と黒にあたる2語しかなく、多い場合には11の基本色彩語をもっており、語彙の少ない文化から多い文化への発達の過程は図2-3のような7段階になるということである。語彙の少ない人種は色覚異常というわけではなく、ただ色を言いわける言葉をもたないだけである。彼らの生活では色を言い分ける必要が少なかったのであろう。現代の日本の基本色彩語はどうかというと、図の中の色名にはGrayやBrown、Orange、Pinkなどがあるが、これらのカテゴリーにあたる色は、灰色、茶色、オレンジ、ピンクとも呼ぶことができ、色彩専用語ではないものや外来語があるが、基本色彩語として使われていると考えてよいだろう。

2）系統色名……基本色名に修飾語をつけて表す方法である。色相に関する修飾語は、赤みの（reddish）、黄みの（yellowish）、緑みの（greenish）、青みの（bluish）、紫みの（purplish）の5種類で表す。明度・彩度の差異を表現する修飾語には、light、bright、vivid、strong、deep、darkなどがある。この色名法では、例えばさえた黄みの緑（vivid yellowish Green）、暗い青みの緑（dark bluish Green）などのように表す。

系統色名分類は、全色域を網羅した分類方法なので、色の調査や統計処理などに有効である。

3）固有色名……昔から伝えられてきた古代色名や、現代になって使われるようになった現代色名、慣用的に用いられている色名などをいい、動物・鉱物・植物・人名・地名などが用いられている（例：藍色、サーモンピンク、カドミウムイエローなど）。

4）慣用色名……無数の固有色名の中で、現在の社会で比較的よく使われ、多くの人に知られている色名をいう。ＪＩＳ Ｚ 8102「物体色の色名」では、269種の慣用色名が採用されている（P76「10 色名」）。

図2-2
桔梗（ききょう）の花の色からは「桔梗色」、琥珀（こはく）の色からは「琥珀色」の固有色名がある。

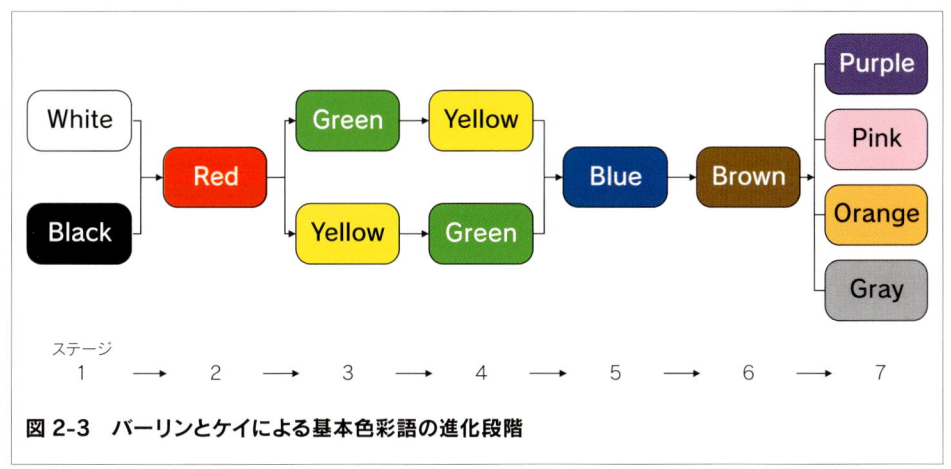

図2-3　バーリンとケイによる基本色彩語の進化段階

2：表色系による方法

　色を定量的に表す色彩体系を表色系という。表色系による分類には、1) 顕色系、2) 混色系の2種があり、どちらも色を正確に表示できる。

　1) 顕色系……物体色を、色知覚の心理的な三属性（色相・明度・彩度）によって、定量的に分類して表す(図2-4)。この方法で分類された色は、色票などで示されることが多く、「標準色票」はこの方法で作成された標準試料である。

　2) 混色系……色を測色器で測色し、どの波長域の光を反射するかによって色の特徴を判別する方法である。図2-5に見られるように、物体の表面色を、分光測色計を用いて可視光範囲の各波長ごとに反射率をグラフ化（これを分光カーブという）すると、各色の特徴が判別できる。

　この測色による色彩体系は、CIE（国際照明委員会：Commission Internationale de l'Eclairage）によって1931年に定められたCIE表色系に代表される。

　CIEでは、一方に特定の色光を投射し、他方にその色光と目視で一致するように三原色光（R・B・G）を混色して調整する実験を行った。これを体系化したものがCIE表色系で、三原色光の混色量を三刺激値X、Y、Zに置き換えた体系であるため、XYZ表色系ともいわれる。(P24、25「XYZ表色系」)

　また、色差の表示方法にはL*a*b*表色系などがある。(P26、27「L*a*b*表色系（色差の表示方法）」)

2-1　JISの色名
（JIS Z 8102：2001「物体色の色名」）

　日本工業規格の色名法で、関連規格の色名の基本となるものである。ここでは次のように区別している。

(1) JIS系統色名

　基本色名に修飾語を付けて、系統的に呼

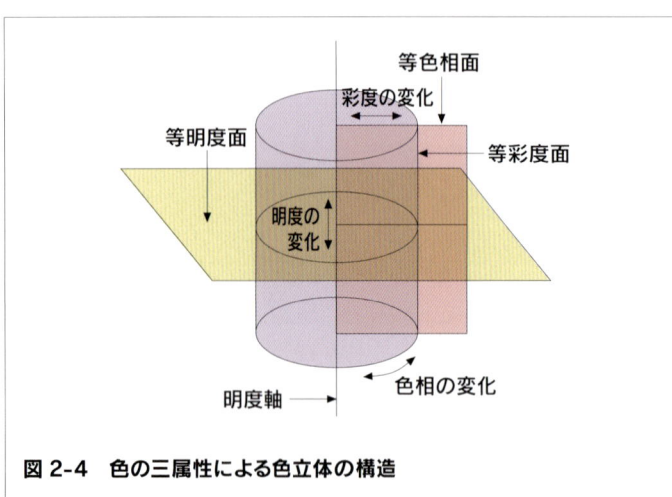

図2-4　色の三属性による色立体の構造

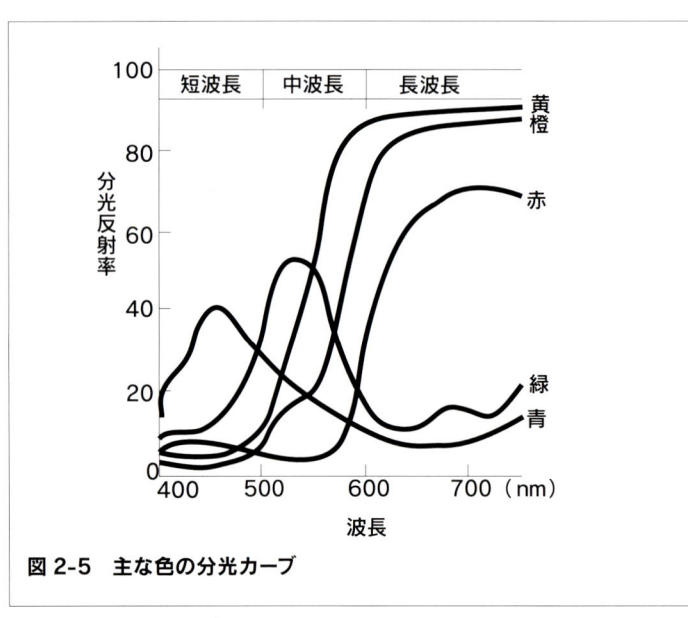

図2-5　主な色の分光カーブ

び表す。有彩色の基本色名に明度及び彩度に関する修飾語を付け「あざやかな赤」「暗い赤」、色相に関する修飾語を付けて「あざやかな黄みの赤」「暗い紫みの赤」のように表す。無彩色も、色みがある場合、無彩色基本色名に色相の修飾語を付けて「赤みの灰色」のように表す。更に細かく表す場合336種の範囲に区分できる。例えば図2-8にあるA～Dの中のAの範囲を「青緑みのうすい灰色」のように表す。

(2) JIS慣用色名

系統色名ではイメージが伝わりにくい場合、慣用色名を用いる。慣用色名は1961年の制定時は123色（1967年の確認時まで）であったが、1987年の見直しで追加され、168色になった。2001年の改訂では大幅に慣用色名が増え、色名1（和色名）147・色名2（洋色名）122、合計269の色名となった。慣用色名に修飾語を付ける必要がある場合、「ごくうすいピンク」「あざやかなピンク」「あかるいピンク」「紫みのピンク」としてもよい。

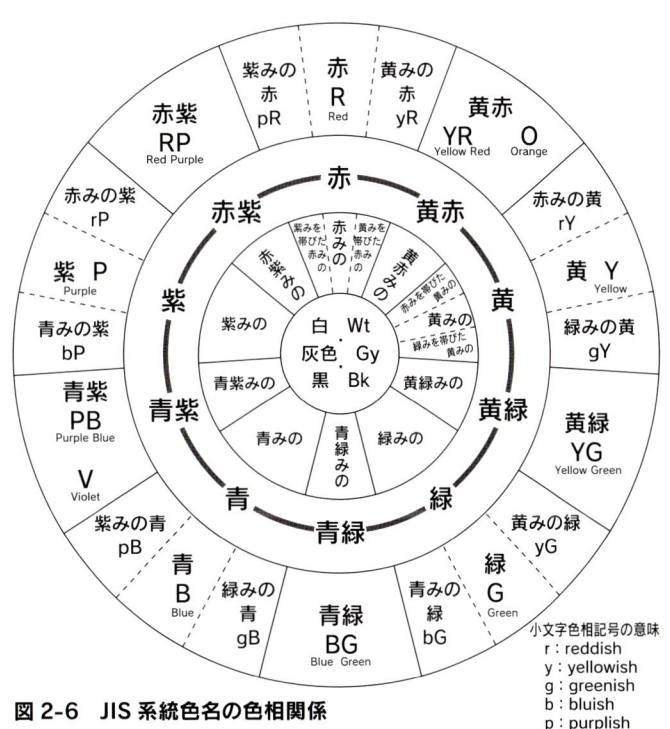

図 2-6 JIS系統色名の色相関係

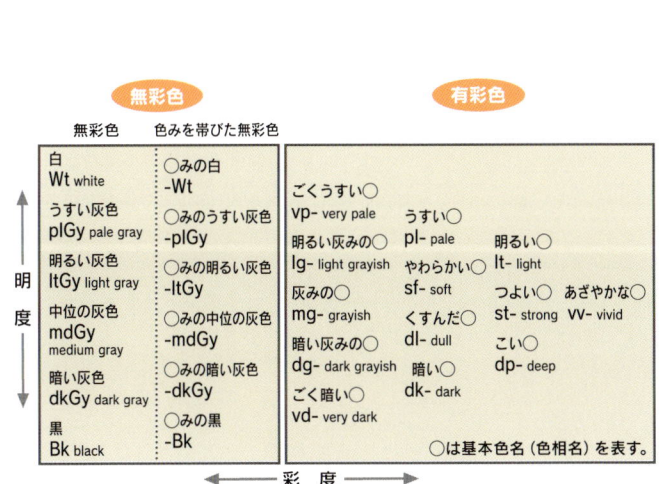

図 2-7 JIS系統色名の明度及び彩度の相互関係

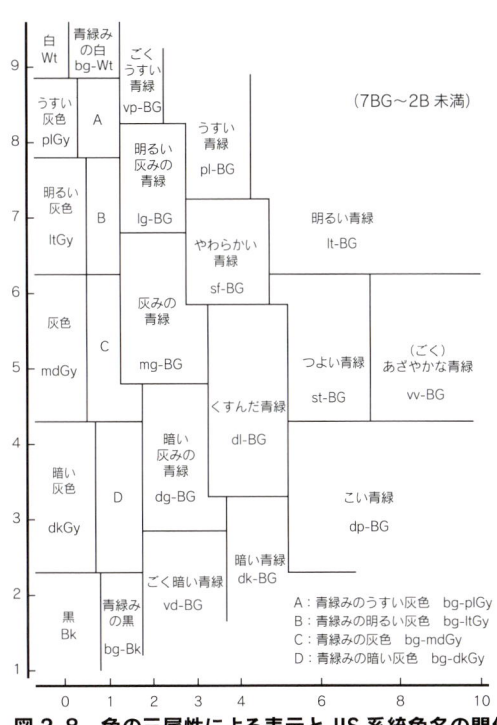

図 2-8 色の三属性による表示とJIS系統色名の関係

2-2 PCCS系統色名

　調査用カラーコードの別称のある色名法で、日本色彩研究所が色彩の統計・調査を目的とした研究成果による系統色名法である。色名を段階的に区分する方法で基本分類（圏）16区分、大分類（系）23区分に色調（トーン）の形容をした中分類117区分、さらに色みの形容を加えて小分類230区分で表す方法である（表2-1, 2-2）。

　系統色名は、表2-1のように16種の基本色名を定め、それに、一般に多く用いられている系統色名、たとえばベージュ、スカイなどを加えて、それらの名で呼ばれる色相範囲を図2-9のように定めた。この色名にさらにトーンの形容詞と、必要によっては色みの形容詞をつけて呼ぶのが系統色名の呼び方である。

　例えばオレンジの色相に属し、彩度は中以下、明度も中以下の色域はブラウンという系統色名で呼ばれるが、ブラウンの色領域はかなり広いので、さらにこれを分けるためライトブラウン、ダークブラウンなどとトーンの形容詞をつけて呼び、またライトイエローイッシュブラウン、ダークレディッシュブラウンなどと色みの傾向を示す形容詞をつけて呼ぶようにする。この色名方法によれば色立体のすべての色域を230種の系統色名で呼ぶことが

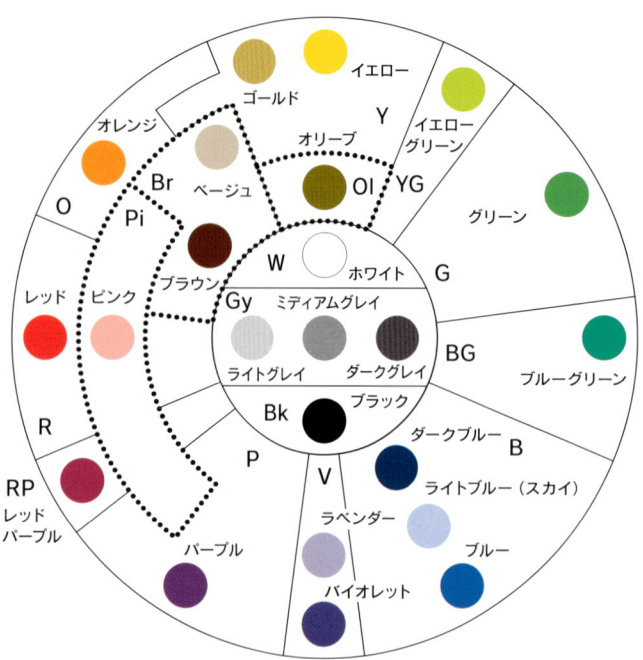

図2-9　PCCS系統色名の分類

表2-1　PCCS系統色名の基本分類、及び大分類による色彩分類

圏別	系別	記号
ピンク	ピンク	Pi
レッド	レッド	R
オレンジ	オレンジ	O
ブラウン	ベージュ	Be
	ブラウン	Br
イエロー	イエロー	Y
	ゴールド	Gl
オリーブ	オリーブ	Ol
イエローグリーン	イエローグリーン	YG
グリーン	グリーン	G
ブルーグリーン	ブルーグリーン	BG
ブルー	スカイ	S
	ブルー	B
	ダークブルー	dkB
バイオレット	ラベンダー	La
	バイオレット	V
パープル	パープル	P
レッドパープル	レッドパープル	RP
ホワイト	ホワイト	W
グレイ	ライトグレイ	ltGy
	メディアムグレイ	mGy
	ダークグレイ	dkGy
ブラック	ブラック	Bk

表2-2　PCCS系統色名のトーンの区分

○	ペール	（うすい）	pale	(p)
	ライト	（あさい）	light	(lt)
	ブライト	（あかるい）	bright	(b)
○	ビビッド	（さえた）	vivid	(v)
	ストロング	（つよい）	strong	(s)
○	ソフト	（やわらかい）（おだやかな）	soft	(sf)
	ダル（モデレート）	（にぶい）	dull, moderate	(d)(m)
	ライトグレイッシュ	（あかるいはいみ）	light grayish	(ltg)
○	グレイッシュ	（はいみ）	grayish	(g)
	ダークグレイッシュ	（くらいはいみ）	dark grayish	(dkg)
	ディープ	（こい）（ふかい）	deep	(dp)
	ダーク	（くらい）	dark	(dk)
○	ホワイト	（しろい）	White	(W)
	ライトグレイ	（あかるいはい）	light Gray	(ltGy)
	グレイ	（はい）	Gray	(Gy)
	ダークグレイ	（くらいはい）	dark Gray	(dkGy)
○	ブラック	（くろい）	Black	(Bk)

できる。ただし、系統色名は色の細かい1点をさすのではなく、ある幅をもった色範囲を呼ぶものである。

2-3 ISCC－NBSシステム（1955）

ISCC（Inter Society Color Council：全米色彩協議会）とNBS（National Bureau of Standards：全米国家標準局）が共同で検討した色名法で1932年から検討され、1939年にISCC－NBS Designating Colorとして発表された。後に各方面からの意見を取り入れ、1955年に公表されたのが、The ISCC－NBS Method of Designating Color and a Dictionary of Color Namesである。この色名法はJIS系統色名の参考にもなっている。

この色名法では基本色名に各種の形容詞を付けて表し、267種の色名範囲で表す（表2-3, 図2-10）。色みに関する修飾語は、次のようになる。

色みに関する修飾語……pinkish(pk)、reddish(r)、brownish(br)、yellowish(y)、olive(ol)、greenish(g)、bluish(b)、purplish(p)

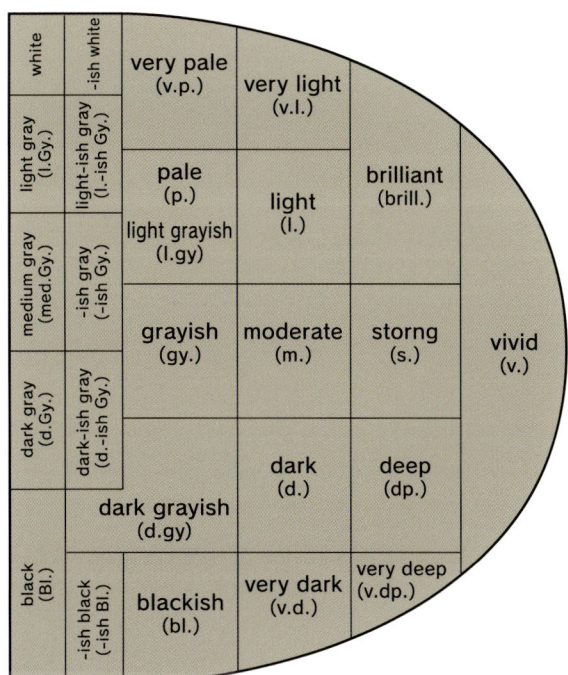

図2-10　ISCC-NBSのトーン区分

表2-3　ISCC-NBSによる色彩分類

Name	Abbreviation	Name	Abbreviation
red	R	purple	P
reddish orange	rO	reddish purple	rP
orange	O	purplish red	pR
orange yellow	OY	purplish pink	pPk
yellow	Y	pink	Pk
greenish yellow	gY	yellowish pink	yPk
yellow green	YG	brownish pink	brPk
yellowish green	yG	brownish orange	brO
green	G	reddish brown	rBr
bluish green	bG	brown	Br
greenish blue	gB	yellowish brown	yBr
blue	B	olive brown	OlBr
purplish blue	pB	olive	Ol
violet	V	olive green	OlG

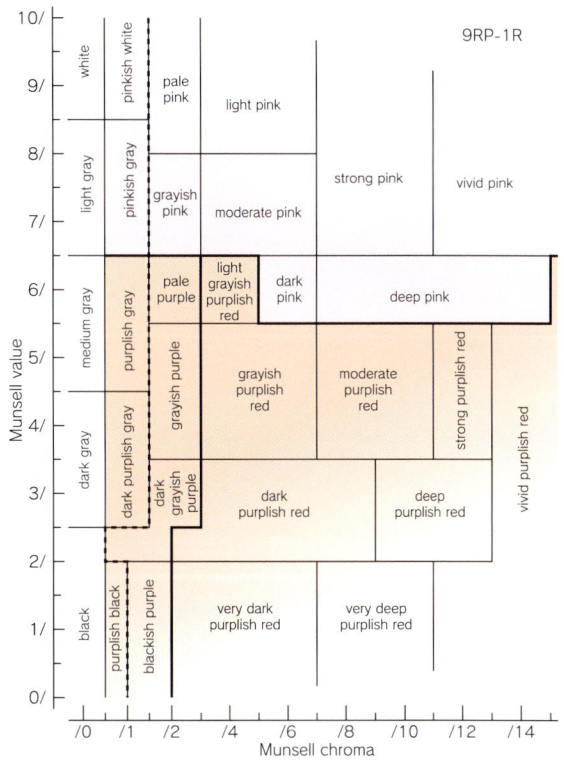

図2-11　ISCC-NBSによる系統色名区分の例

2-4 マンセルシステム

アメリカの画家マンセル(Albert H. Munsell: 1858-1918)が色を系統的に整理するために創案した体系で、これをアメリカ光学会(OSA)が、CIEシステム(国際照明委員会)にしたがって修正したものが、修正マンセルシステムである。日本でも、測色管理に結びつく色体系として、工業規格に取り上げられ、JIS Z 8721(色の表示方法—三属性による表示)となっている。マンセルシステムは、色相(Hue)・明度(Value)・彩度(Chroma)の三つの属性を、H(色相)・V(明度)・C(彩度)の順に記号化して表す。

(1) 色相

色相の分割は、R(赤)・Y(黄)・G(緑)・B(青)・P(紫)の5主要色と、それぞれの物理補色を中間にとったYR・GY・BG・PB・RPの10色を環状に循環させてならべ(これを色相環 Hue Circleという)、それぞれを1〜10までに10分割する。このようにRからRPまでを分割すると、100色相になる。色相を表すには1R、2R、3R‥‥8R、9R、10Rのように数字を先に示す。1RはRの仲間でRPに近い色相、10RはRの仲間でYRに近い色であることがわかる。

それぞれの色相の代表色は5の位置で、色票で示すとき5R、5YR‥‥5RPの10色相を表す。色票化して実用化しているのは、5を基準とし中間をとった5・10の20色相(図2-12)、または、さらにその中間をとった2.5・5・7.5・10の40色相で、JIS標準色票もマンセルブックも40色相のカラーチャートになっている。

(2) 明度

明度(Value)は、色みがなく、あざやかさをもたない無彩色を基準とし、理想的な黒(光を全部吸収する)を0、理想的な白(光を全部反射する)を10とし、その間の明るさの段階を、感覚の差が等間隔になるように分割して、10／、9／、8／‥‥のような記号で表している。実用化した色票では10や0の理想的な白と黒はつくれないので、9.5〜1.0が用いられている。

有彩色の明度を表す場合、有彩色の明るさの感覚が無彩色の基準と等しいところの明度記号を用いる。

(3) 彩度

彩度(Chroma)は色相・明度が一定の配列において色みのない無彩色を0とし、色みのさえかたの度合いの増加にしたがって等歩度に1、2、3、4‥‥のように順次増すように設定し、／1、／2、／3‥‥の記号で表す。実用化しているJIS標準色票では／0、／1、／2、／4、／6、／8‥‥の位置が使われている。彩度の限度は色相によって異なり、5Rでは、14、5BGでは8のように、かなりの差がある(図2-13)。この方法による色の表示は、色相・明度・彩度の順で、例えば色相5R、明度5、彩度14ならば、5R5／14と表し、「5アール、5の14」と読む。また、無彩色は明度を示す数字にNを付加して、例えばN4.5というように表す。

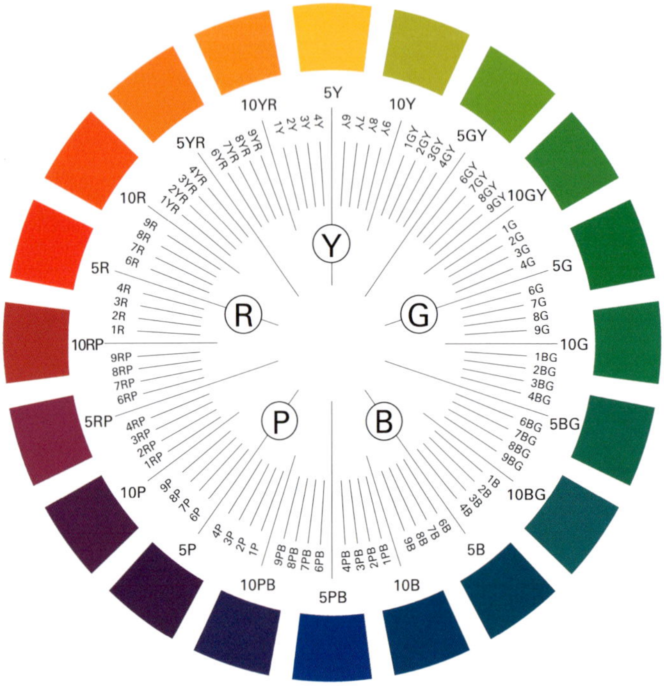

図 2-12 マンセル色相環

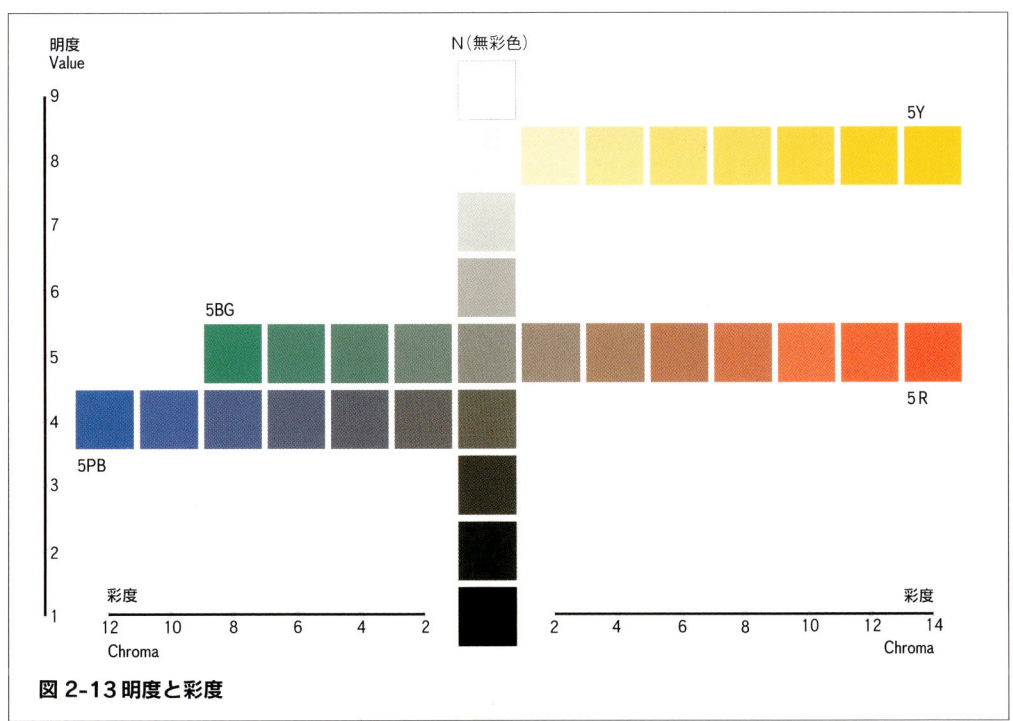

図2-13 明度と彩度

図2-14 マンセル色立体模型

図2-15 マンセル色立体概念図

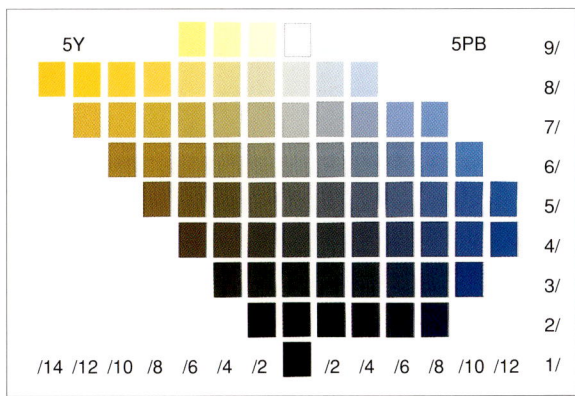

図2-16 5Yと5PBの等色相面

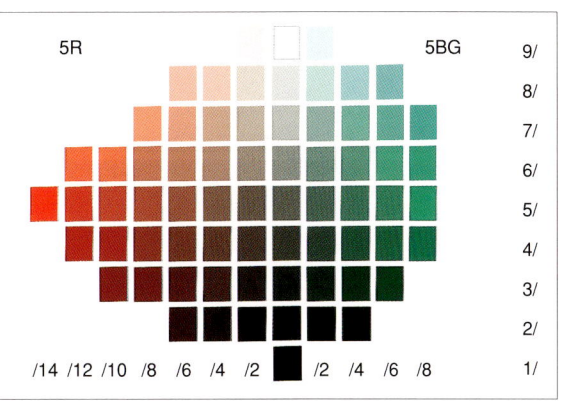

図2-17 5Rと5BGの等色相面

2-5　ＰＣＣＳ

(財)日本色彩研究所が、1964年に日本色研配色体系 Practical Color Co-ordinate System（略称ＰＣＣＳ）の名で発表した、色彩調和を主な目的としたカラーシステム。

(1)　ＰＣＣＳの色表示の方法

ＰＣＣＳの色の表示方法には、色を3次元で表す三属性の記号表示の方法や系統色名での表し方があり、また一番特徴的な方法として、明度と彩度をトーンという概念でまとめ、色相とトーンの2系列で色彩調和の基本的な色彩系列を表す表示方法である。

(2)　色の三属性

1)　色相（Hue）

1. 人間の色覚の基礎をなす主要色相と考えられている、赤・黄・緑・青の四つの色相（心理四原色ともいわれる）を、色領域の中心とする。

2. この四つの色相の心理補色を、色相環上の対向位置に定める。心理補色とは、人間の目の補色誘発現象に基づく反対色相をいう。

3. 上記の8色相に、色相間隔が等歩度に感じられるように4色を加えて、12色相に分割する。更にこの12色相を分割して、24色相に区分する（図2-18）。この24色相には、色光の三原色のＲ（赤）・Ｇ（緑）・Ｂ（青）と色料の三原色Ｍ（マゼンタ、赤紫）・Ｙ（イエロー、黄）・Ｃ（シアン、緑みの青）の色相が含まれている。

4. 色相記号は、色相名の英文頭文字を取り、色みの形容詞を小文字で前につけ、赤の色相から番号をつけ、1：pR、2：R、3：yR…22：P、23：rP、24：RPと表す（表2-4）。

2)　明度（Lightness）

1. 明度の標準は、白と黒との間を知覚的に等歩度となるように分割する。

2. 白と黒の2段階の間を分け3段階、それぞれの中間を分け5段階、さらに9段階と分割する。最終的にその間を分けると17段階になる。

3. 明度記号はマンセルシステムの明度に合わせ、白は9.5、黒は1.5とし、その間を0.5ずつの17段階としている。

（ＰＣＣＳにおける明度段階は、細かくは1.0の黒から9.5の白まで0.5ステップで表されるが、ここでは便宜的に1.5を黒とし9.5の白までを分割している。）

3)　彩度（Saturation）

1. 彩度の基準は、実際に得られる色料で、

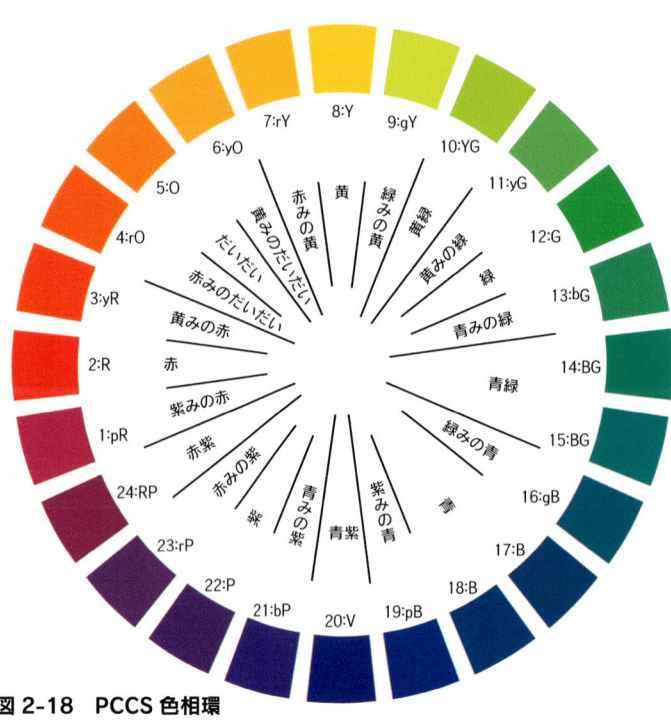

図2-18　PCCS色相環

表2-4　PCCS色相

色相記号	色　相　名	マンセル色相
1：pR	purplish red	10RP
2：R	red	4R
3：yR	yellowish red	7R
4：rO	reddish orange	10R
5：O	orange	4YR
6：yO	yellowish orange	8YR
7：rY	reddish yellow	2Y
8：Y	yellow	5Y
9：gY	greenish yellow	8Y
10：YG	yellow green	3GY
11：yG	yellowish green	8GY
12：G	green	3G

色相記号	色　相　名	マンセル色相
13：bG	bluish green	9G
14：BG	blue green	5BG
15：BG	blue green	10BG
16：gB	greenish blue	5B
17：B	blue	10B
18：B	blue	3PB
19：pB	purplish blue	6PB
20：V	violet	9PB
21：bP	bluish purple	3P
22：P	purple	7P
23：rP	reddish purple	1RP
24：RP	red purple	6RP

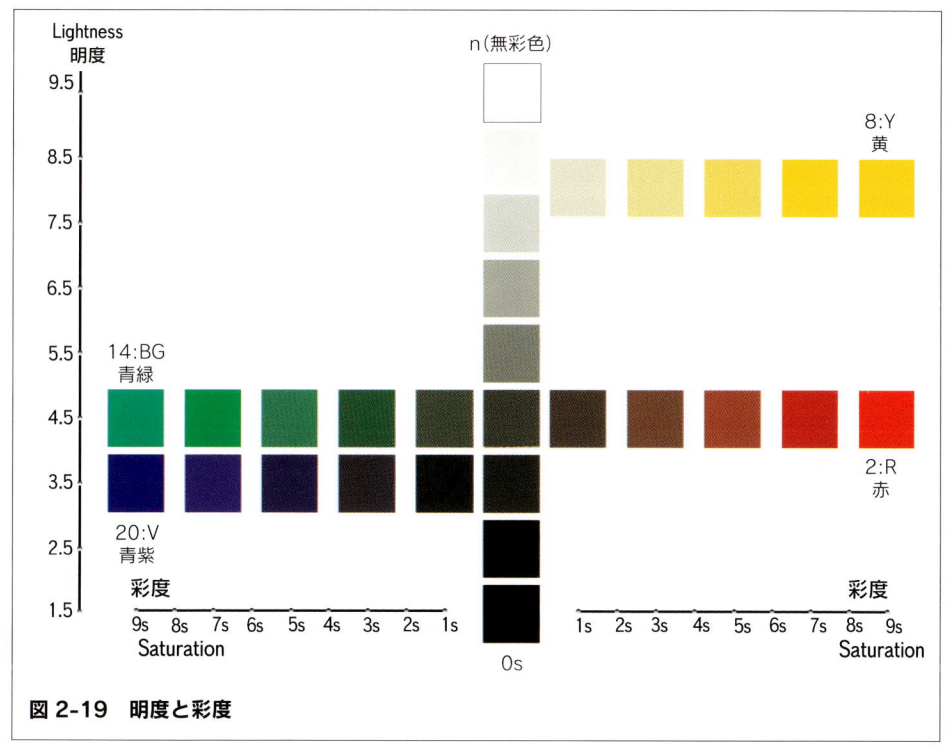

図 2-19　明度と彩度

図 2-20　PCCS 色立体模型

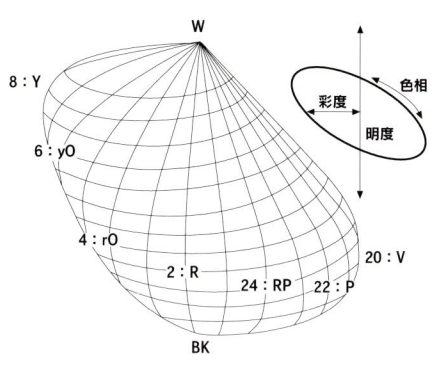

図 2-21　PCCS 色立体概念図

　高彩度の色領域を感覚的にあざやかさ感がそろうように、各色相の基準になる色を選ぶ。これを 9s と設定した。

　2. 大距離分割法（バイセクショナルメソッド）により各色相の基準色と同明度の、最も彩度の低い有彩色との 2 色の間を等間隔になるように二分割し、さらにその間を二分割し、最終的には 9 段階に分割する。

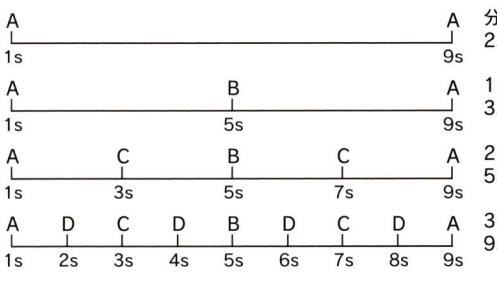

図 2-22　大距離分割法による PCCS の彩度分割方法

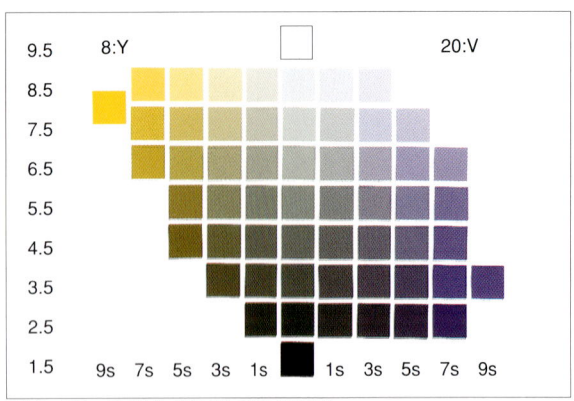
図 2-23　8:Y と 20:V の等色相面

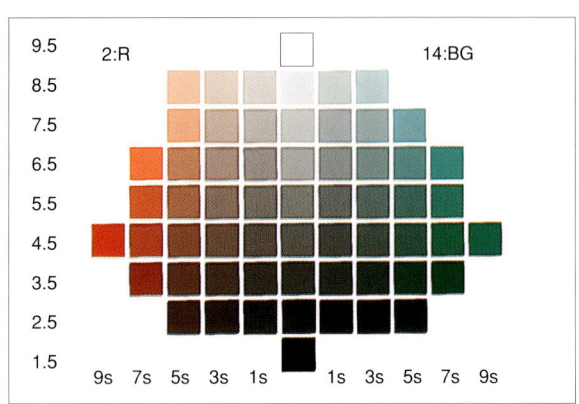
図 2-24　2:R と 14:BG の等色相面

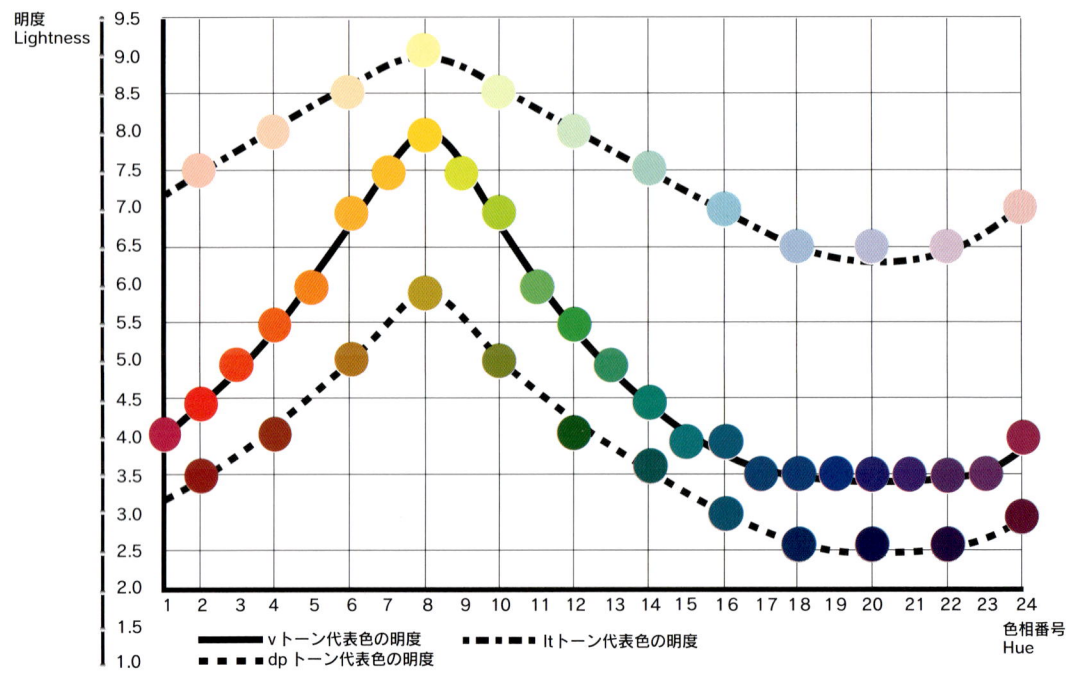
図 2-25　v トーン、dp トーンの代表色の明度

3.彩度記号は他の体系と区別してs（saturation の略）をつける。

色相・明度・彩度の三属性で色を表す場合、例えば2:R-4.5-9sと表し、無彩色は、明度を示す数字にnを付加して、n-4.5と表す。また、1:pR～24:RP までの 24 色相のすべての色相の最高彩度を、すべて9sの彩度記号で表す。最高彩度の基準色票の明度は、色相によって違いがあり、明度の移行がスムーズになるように各色相基準の明度を決めている。1:pRから8:Yにかけてだんだん明るくなり、8:Yから20:Vに向かって明度が低くなって最低明度となり、さらに24:RP、1:pRと順に高くなっていく。PCCSの三属性で色立体をつくると、少しゆがんだ構成の立体となる（図 2-20、21）。

(3) トーン

トーンは、明度と彩度の複合概念といえるもので、色相の同じ系列でも、明・暗、強・弱、濃・淡、浅・深の調子の違いがある。この色の調子の違いをトーンという。このトーン

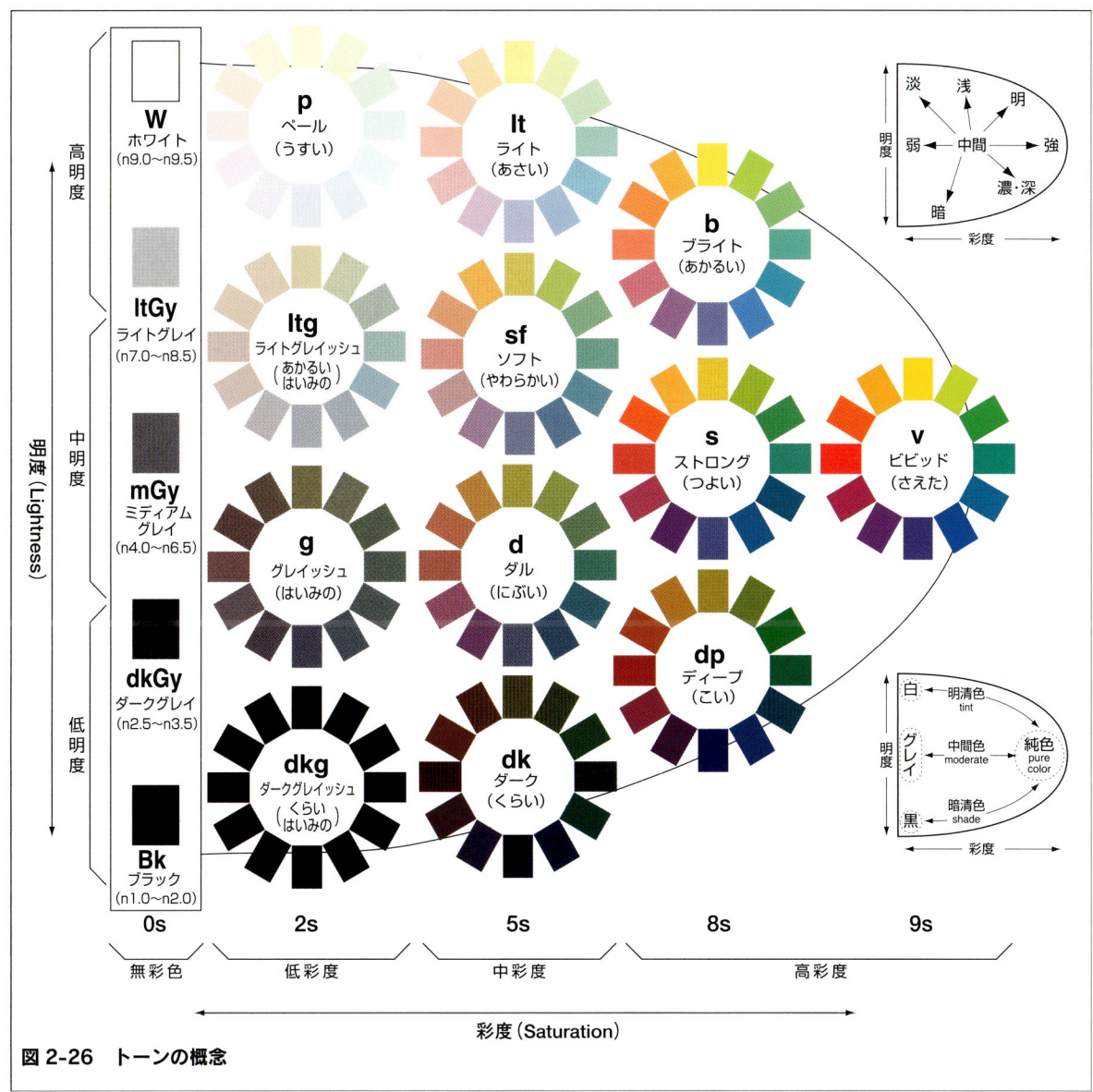

図2-26 トーンの概念

の色空間を設定していることが、PCCSの特徴でもある。この色の調子の違いを表したものが図2-26である。各色相ごとに12種のトーンに分けられ、各色相からトーンの同じ色をまとめている。明度の違いはあるが、あざやかさ感の共通なグループができる。低彩度のペール(pale)・ライトグレイッシュ(light grayish)・グレイッシュ(grayish)・ダークグレイッシュ(dark grayish)の各トーンでは、それぞれのトーングループでの色相による明度差はあまりないが、高彩度のビビッドトーン(vivid tone)のグループでは8:Yと20:Vの間に明度にかなりの差があり、8.0と3.5の明度差になる(図2-25)。

色相とトーンで色を表す場合、例えば色相番号12(緑)で、ライトトーンの場合「lt12」と略記号で表す。また、無彩色の場合、白はW、黒はBk、その他は明度を示す数字にGyを付加して「Gy-6.5」と表す。

2-6 オストワルトシステム

オストワルトは、すべての色は理想的な黒、理想的な白、および完全色(純色)の三つの要素の混合量によって表されるとし、その色相分割についてはヘーリング(K.E.K.Hering)の四原色説を基本に選んでいる。すなわち円周を4等分し、黄(yellow)と藍(ultra-marine blue)、赤(red)と青緑(sea green)を互いに向き合うように配置し、その中間に橙(orange)と青(turquoise)、紫(purple)と黄緑(leaf green)をやはり互いに向かい合うように配置して8主要色相を設定し、さらに各色相を三つに分けて、合計24色相の補色色環をつくりあげている(図2-27)。

無彩色の明度段階は、白と黒との間に六つの灰色を挿入した8段階を設定している。この無彩色に含まれる白と黒との割合は、フェヒナー(Fechner)の法則、「光が等比級数的に増減するとき、目はその明るさが等差級数的に増減するように感じる」にしたがって、白の増加の仕方を等比級数的に選んでいる。表2-5がその8段階の白および黒の含有量を示した表で、aやpに白または黒が含まれていることは、理論上100%の白とか黒は物体色(顔料)としては実在しないことを物語っている。

この明度段階の白を上、黒を下に垂直に立てて、これを一辺とする正三角形をつくり、その頂点に各色相の純色をおいたものが等色相三角形と呼ばれるものである。この各辺を8等分すると28の色に分割され、そのおのおのに記号がつけられている(図2-28)。

これらの色は、理論上理想的な黒の含有量をB、理想的な白の含有量をW、完全色の含有量をCとすると、**C+W+B=100%**の関係になるようになっている。例えば、ieは白含有量がiで14%、黒含有量がeで65%となり、完全色含有量は100-14-65=21(%)ということになる。純色も同様で、完全な純色というものは存在せず、白を3.5%、黒を11%含有していることになる。

また、等色相三角形の垂直軸a・pは明度段階であり、それと平行なea・plやlc・pgなどは等純色系列と呼ばれる。pa・aの上辺は明清色、それと平行な、例えばpe・eやpi・iなどはそれぞれ同じ量の黒を含有し、等黒色系列と呼ぶ。また、pa・pと平行なic・iなどは等白色系列と呼ぶ。オストワルト色立体から特定の色を示す場合は、これら二文字の記号に色相番号を付加して「6ie」と表す。

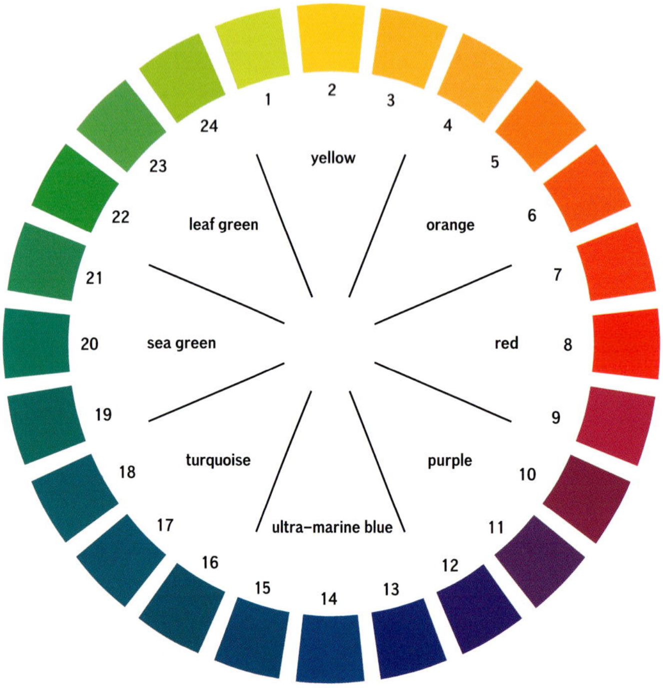

図 2-27 オストワルト色相環

表2-5

記号	白含有量(%)	黒含有量(%)
a	89	11
c	56	44
e	35	65
g	22	78
i	14	86
l	8.9	91.1
n	5.6	94.4
p	3.5	96.5

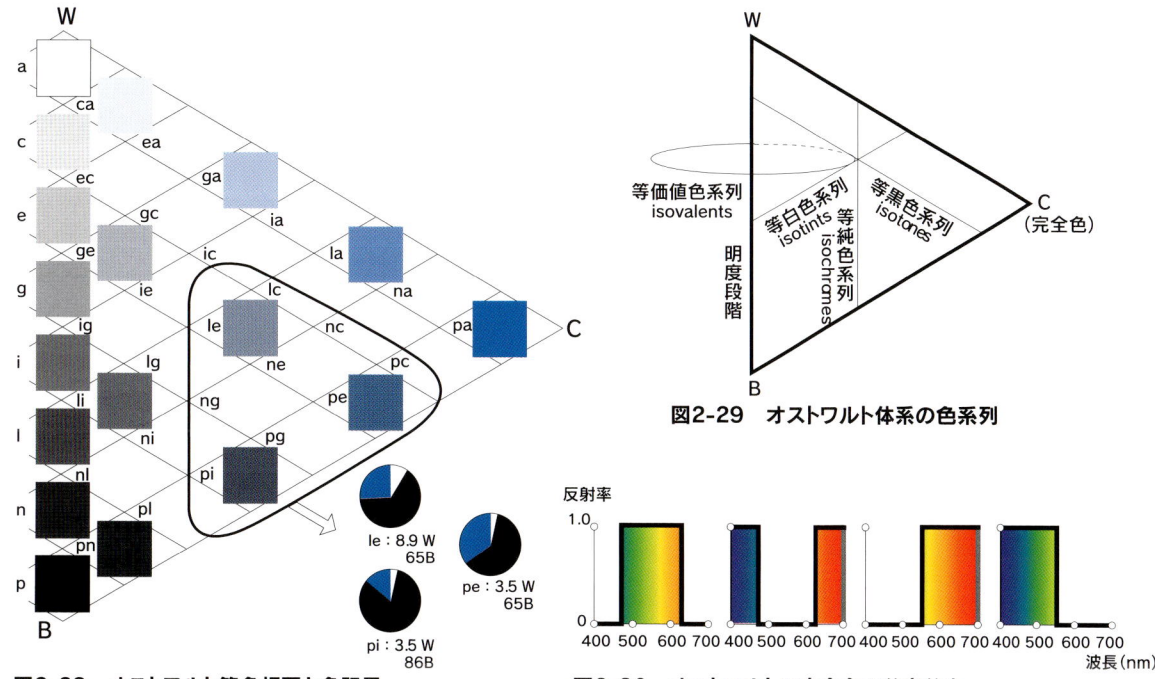

図2-28 オストワルト等色相面と色記号

図2-29 オストワルト体系の色系列

図2-30 オストワルトの完全色の分光分布

図 2-31 オストワルト色立体模型

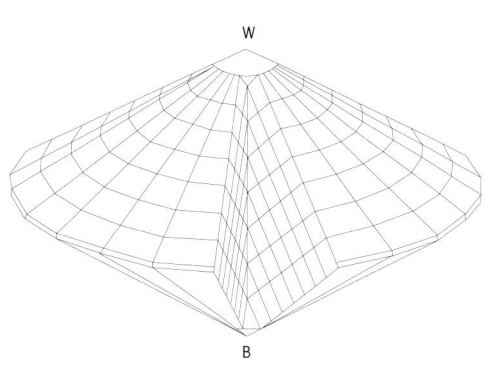

図 2-32 オストワルト色立体概念図

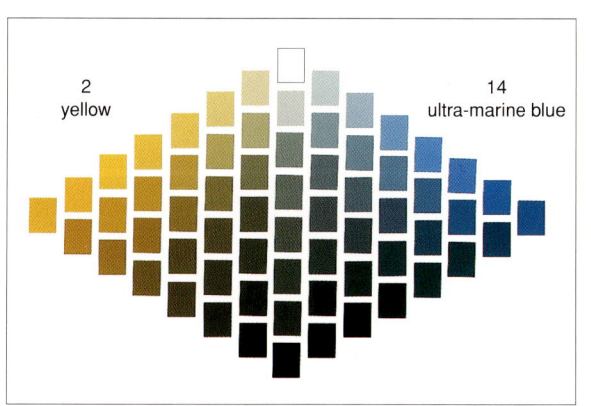

図 2-33 オストワルト等色相面（2-14）

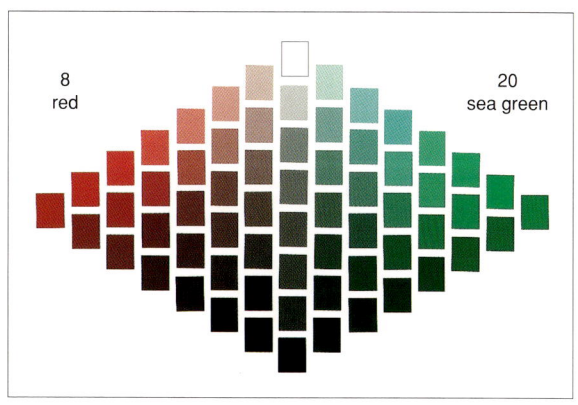

図 2-34 オストワルト等色相面（8-20）

2-7 N C S (Natural Color System)

スウェーデン工業規格　Swedish Institute of Standards（略称SIS）

スウェーデンの色彩標準に採用されている表色系で、すべての色は、六つの心理原色、白（W）・黒（S）・黄（Y）・赤（R）・青（B）・緑（G）の構成比で表わされるとして、それぞれの構成比で色を表す。

色相（ϕ：フィー）は、図2-35のようにR、Y、G、Bの基本色相で4等分し、その間をパーセンテージで表す。例えば「R70B」は、赤と青の間の色相で、赤30％、青70％の色相であることを示している。

色の表示方法は図2-36のように、黒色量S、純色量C、色相ϕの順に表し、「2040-Y10R」というように表記する。この例では、黒色量S＝20％、純色量C＝40％で、色相は黄90％、赤10％であることを表している。この場合、白色量Wは、W+S+C＝100（％）であることから40％となる。無彩色でS＝65％の場合には「6500」というように表記する。

オストワルトシステムと同様に純色、白、黒の量で表しているが、オストワルトシステムが物理的な混合比で表すのに対して、NCSでは、心理的な割合で表している。

2-8 D I N 色票

ドイツ工業規格　Deutsches Institut für Normung（略称DIN：デイン）

オストワルト表色系を基にして測色学的に改良され、ドイツ工業規格の「DIN 6164 Farbenkarte」に制定された表色系である。1955年に採択され、1960年にこの規格に準拠した無光沢色票集が発行され、その後光沢版の色票集も出版されている。

色相T（Farbton）、飽和度S（Sättigungsstufe）、暗度D（Dunkelstufe）の三つの属性で

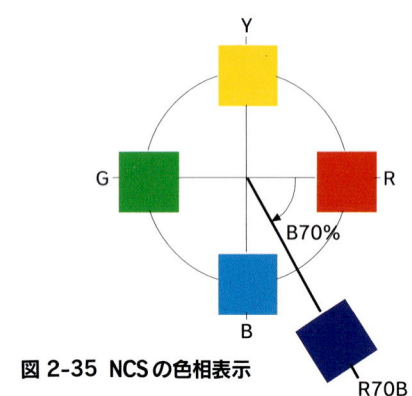

図 2-35　NCSの色相表示

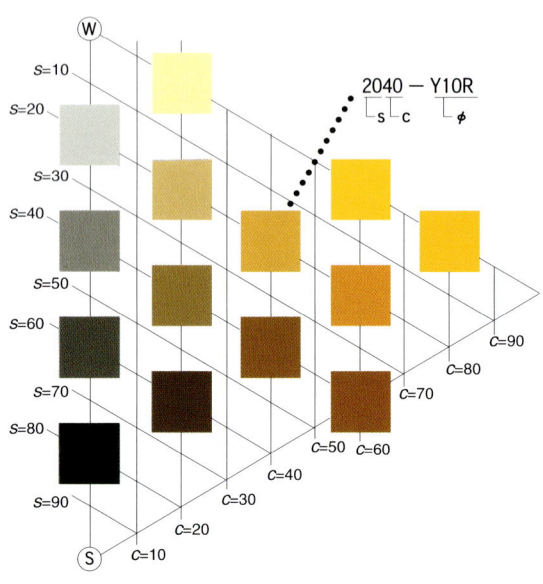

図 2-36　NCSの等色相断面（ϕ = Y10R）

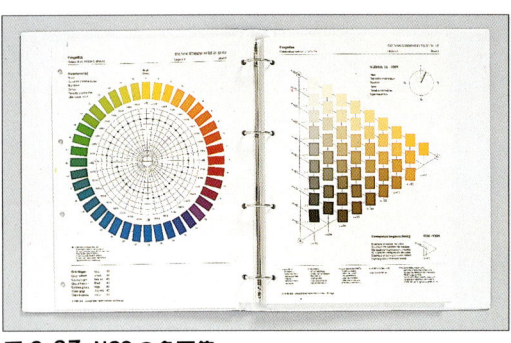

図 2-37　NCSの色票集

表し、色相はオストワルトシステムと同じく24色相であるが、飽和度（S）は0～7の範囲で表し、暗度（D）は0～10の範囲で表す。

D＝10の色を理想的な黒として、D＝0、S＝0の色は理想的な白であり、D＝0、S＝7の色は、その色相の最も鮮やかな色となる。つまり、D＝0でSが0～7の色には、オストワルトシステムでいう白から純色の色の系列（明清色系列）が並ぶことになる。（図2-38）色の表し方は、T、S、Dの順に、2：6：1というように表記する。

2-9 カラーハーモニーマニュアル

Color Harmony Manual（C・H・M）

アメリカの紙器会社CCA（Container Corporation of America）から1942年に刊行された色票集で、オストワルトシステムに基づいて、部分的に中間色相も加えられている。色彩調和が計画的に選べることで評価された。

色の表し方は、オストワルトシステムの表し方で、例えば2paというように、色相・白色量・黒色量の記号で表す。

2-10 色の標準

（財）日本色彩研究所が1951年に発表した約800色による色票集で、1965年に絶版になった。三属性表示を色相1～24、明度10～20、彩度0～10の数字で表示し、色相、明度、彩度の順に1－15－6というように表し、小中学校などの美術・デザイン教育に用いられていた。

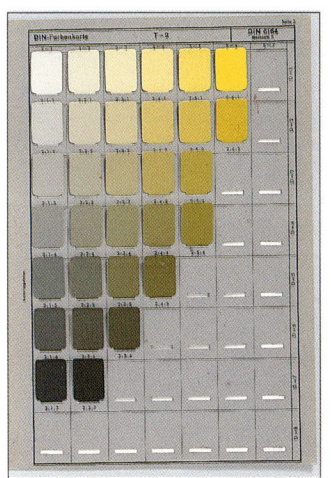
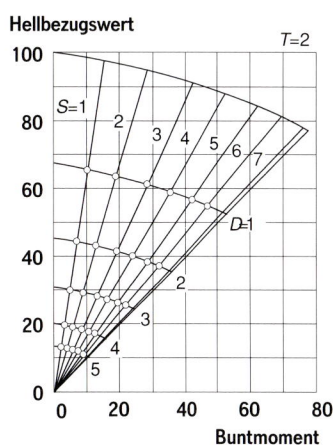

図2-38 DINの等色相断面（T=2）

図2-39 カラーハーモニーマニュアル（C.H.M）

図2-40 色の標準（1951年 初版）

2-11 XYZ 表色系

色を測定する方法には、物理的測定方法と視感測定方法とがある。物理的測定方法はJIS Z 8722「色の測定方法－反射及び透過物体色」などの規定条件に準拠して作られた測色器機を使用して、色を計測・評価する方法である。視感測定方法は試料の色と体系づけられた色のスケールとを視感によって比較し、色を測定する方法である。この項では物理的測定方法によって得られるXYZ表色系について紹介する。XYZ表色系は物体の表面色、透過色、光源色などに使用できる。

原理的には色光の三原色の混合によってあらゆる色を再現することができる。図2-41のようにスクリーンの一方に色光Fを投射し、他方に色光の三原色RGB(赤、緑、青)の分量を適当に調節して混色していくと、やがてテスト光(F)と等しくなる色を作ることができる。CIE(国際照明委員会)は等色実験を行う三原色をRが700nm、Gが546.1nm、Bが435.8nmの単色光と定めた。このRGBの混合量で表す表色系をRGB表色系という。しかし、RGBの原刺激だけでは等色できない色がある。スペクトルの青緑などは、GとBの混合では等色できない。この場合青緑にRを混合して等色させる。このような修正が加えられてすべての色の等色データが揃う。RGBの原刺激の比率を図2-42に示す。このデータをもとにしてマイナス値が出ないように代数変換した架空の原刺激値をXYZで表す(図2-43)。このXYZ原刺激値をスペクトル三刺激値といい、この特性を等色関数という。このようにしてできたRGBに変わる原色(原刺激)をXYZで表し、この三刺激値によってすべての色は表示できる。これは、人間の網膜には長波長(赤)、中波長(緑)、短波長(青)の光に反応する三種の視細胞が備わっていることと関係すると考えられている。

物体の色は、照明に用いる光源の分光特性、光に対する物体の反射特性、それに光に対する目(網膜)の感度特性によって決まる。したがって、基準となる光源の分光特性と目の分光感度を規定しておけば、物体の色はその物体の分光反射率によって定めることができる。CIEはこのような考え方で色を表示する方法を規定し、JIS Z 8701「色の表示方法－XYZ表色系及び$X_{10}Y_{10}Z_{10}$表色系」に制定されている。製品の色彩管理や色彩研究分野などで広く利用されている。

三刺激値XYZの値は次の計算式で求める。
$X = K \int S(\lambda) \bar{x}(\lambda) R(\lambda) d\lambda$
$Y = K \int S(\lambda) \bar{y}(\lambda) R(\lambda) d\lambda$
$Z = K \int S(\lambda) \bar{z}(\lambda) R(\lambda) d\lambda$

$S(\lambda)$：エスラムダは照明に用いた標準イルミナントの分光分布、$R(\lambda)$は物体の分光反射率、$\bar{x}(\lambda)$：エックスバーラムダ、$\bar{y}(\lambda)$、$\bar{z}(\lambda)$は等色関数、Kは$100 / \int S(\lambda) \bar{y}(\lambda) d\lambda$で与えられる定数、$d\lambda$：ディーラムダは波長間隔(5nm間隔や10nm間隔が用いられる)。この式の意味は、標準イルミナントの下で、ある物体の色を観測者が見たときの感覚を三つの数値に表したといえる。∫は積分記号でインテグラルと読み、計算は380nm～780nmの各波長ごとのS値とR値と$\bar{x}$値($\bar{y}$値、$\bar{z}$値も同様に)を掛け合せ、それを総計して求めた値を意味している。三刺激値XYZから色度の値を求めるには次の計算式による。

$x = X / (X+Y+Z)$
$y = Y / (X+Y+Z)$
$z = Z / (X+Y+Z)$
$x + y + z = 1$

x、y、zのそれぞれは三刺激値XYZの総和に対する割合を表す。

図2-43に示すように等色関数の$\bar{y}(\lambda)$は明所視の分光視感効率(各波長の明るさの感覚)と一致するように定められているので、Y値は明るさ(視感反射率)に対応し、x、yを色度座標という。図2-44はXYZ表色系のxy色度図(CIE色度図ともいう)で、横軸はx、縦軸はyを示す。無彩色は色度図の中心付近にあり、周辺(外側)になるほど彩度は高くなる。全ての色はこの色度図の馬蹄形の中に表すことができる。馬蹄形の曲線

部分をスペクトル軌跡という。また底辺の直線部分はスペクトルには現われない赤紫とその周辺を示し、この直線部分を純紫軌跡という。この色度図から赤紫は短波長の青紫と長波長の赤との混色によって得られることがわかる。

　例えばオレンジ色を測定すると、次のような数値になる。

Y＝30.9　x＝0.54　y＝0.41

図2-44からxの値とyの値との交点（A）がそのオレンジ色の色度である。

　Y値は明るさを表し、x、yの位置は色相（主波長）と彩度（刺激純度）を表す。

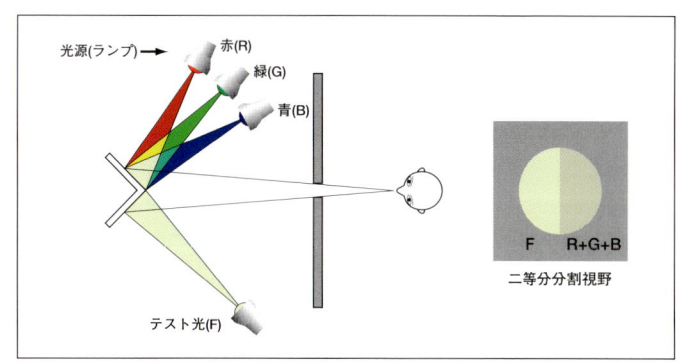

図 2-41　RGBの混合による色あわせ

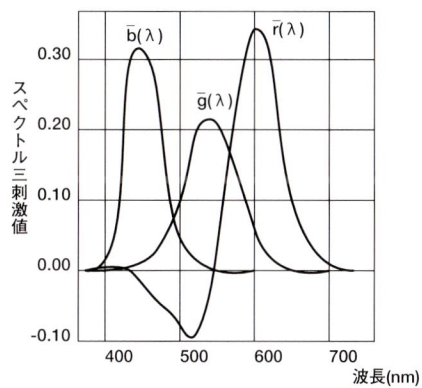

図 2-42　RGB表色系の等色関数

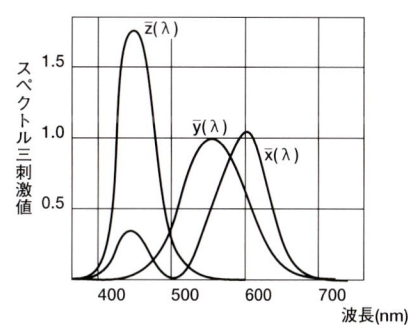

図 2-43　XYZ表色系の等色関数

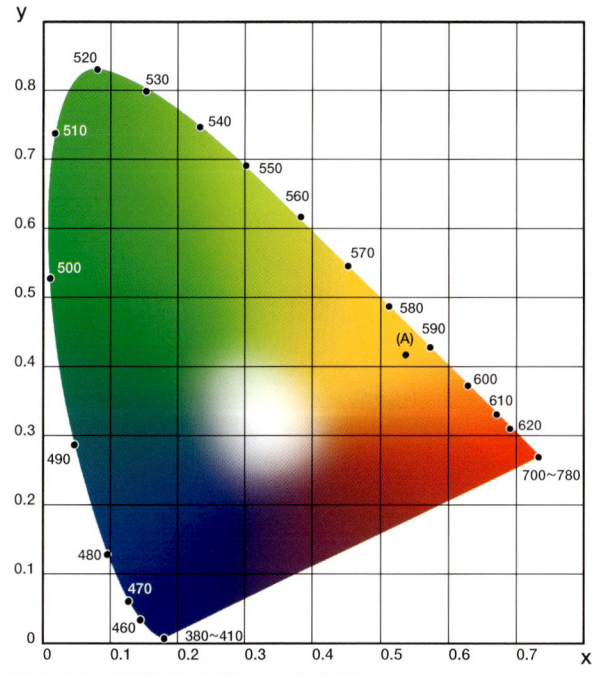

図 2-44　XYZ表色系のxy色度図

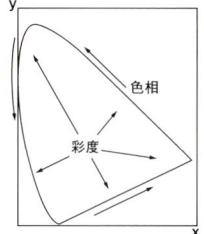

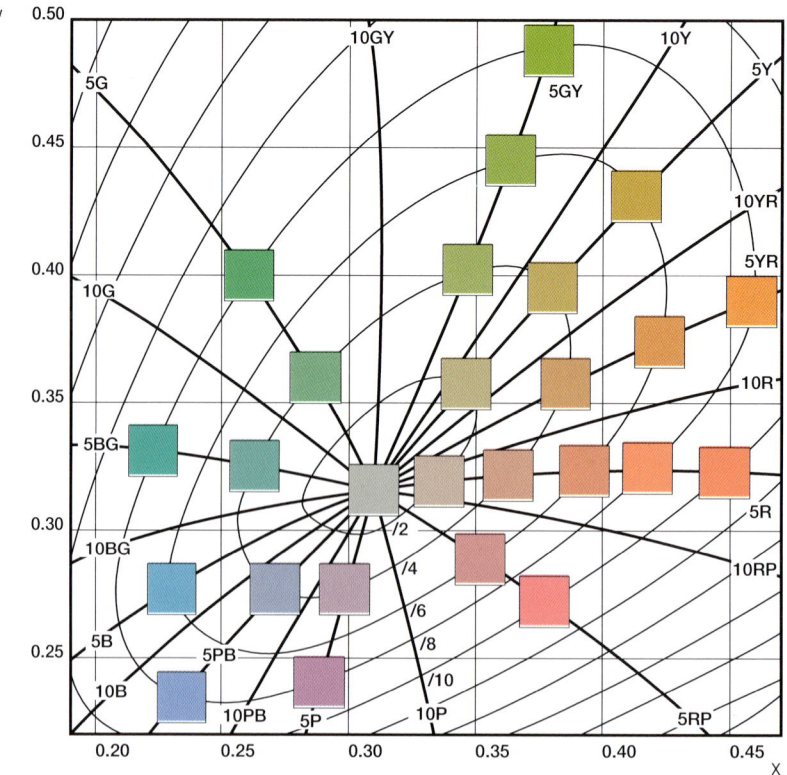

図2-45 マンセル色票の色度座標(明度6、Y=29.30の場合)

2-12 L*a*b*表色系(色差の表色方法)

　工業製品などの色彩管理を行なう上で、基準となる色と比較してその色差(二色間の差)がどの程度あるかを知ることは重要である。

　XYZ表色系のxy色度図上では座標上の幾何学的な距離と視感(目で見た感覚量)とは一致しない。そこで、感覚的な色差と座標上の距離が一致する色度図が必要となる。このような色差の量を表すために作られた色の座標系をUCS：ユーシーエス(均等色空間：uniform color space)という。過去にさまざまなUCSと色差計算の公式が提案されてきたが、CIEでは1976年に国際的に統一した色差の表示方法を採択し勧告として発表した。これを受けてISO(国際標準化機構)をはじめ、各国で工業規格の見直しが行なわれ、わが国では1980年に改正されJIS Z 8730「色の表示方法―物体色の色差」に規定された。ここでは、色彩管理に多く使用されているL*a*b*：エルスター・エースター・ビースター表色系について解説する。

　L*は明るさ、a*、b*は色相と彩度を示す色度である。図2-46はL*a*b*表色系の色度図(色相と彩度)で、+a*は赤方向、-a*は緑方向、+b*は黄方向、-b*は青方向を示している。図2-47にL*a*b*表色系の色空間の立体イメージを示した。L*a*b*はXYZから次の変換式によって求めることができる。

$L^* = 116(Y/Y_n)^{1/3} - 16$
$a^* = 500[(X/X_n)^{1/3} - (Y/Y_n)^{1/3}]$
$b^* = 200[(Y/Y_n)^{1/3} - (Z/Z_n)^{1/3}]$

X_n、Y_n、Z_nは照明に用いた標準イルミナントの三刺激値、X、Y、Zは物体色の三刺激値を示す。色差計算は次式による。

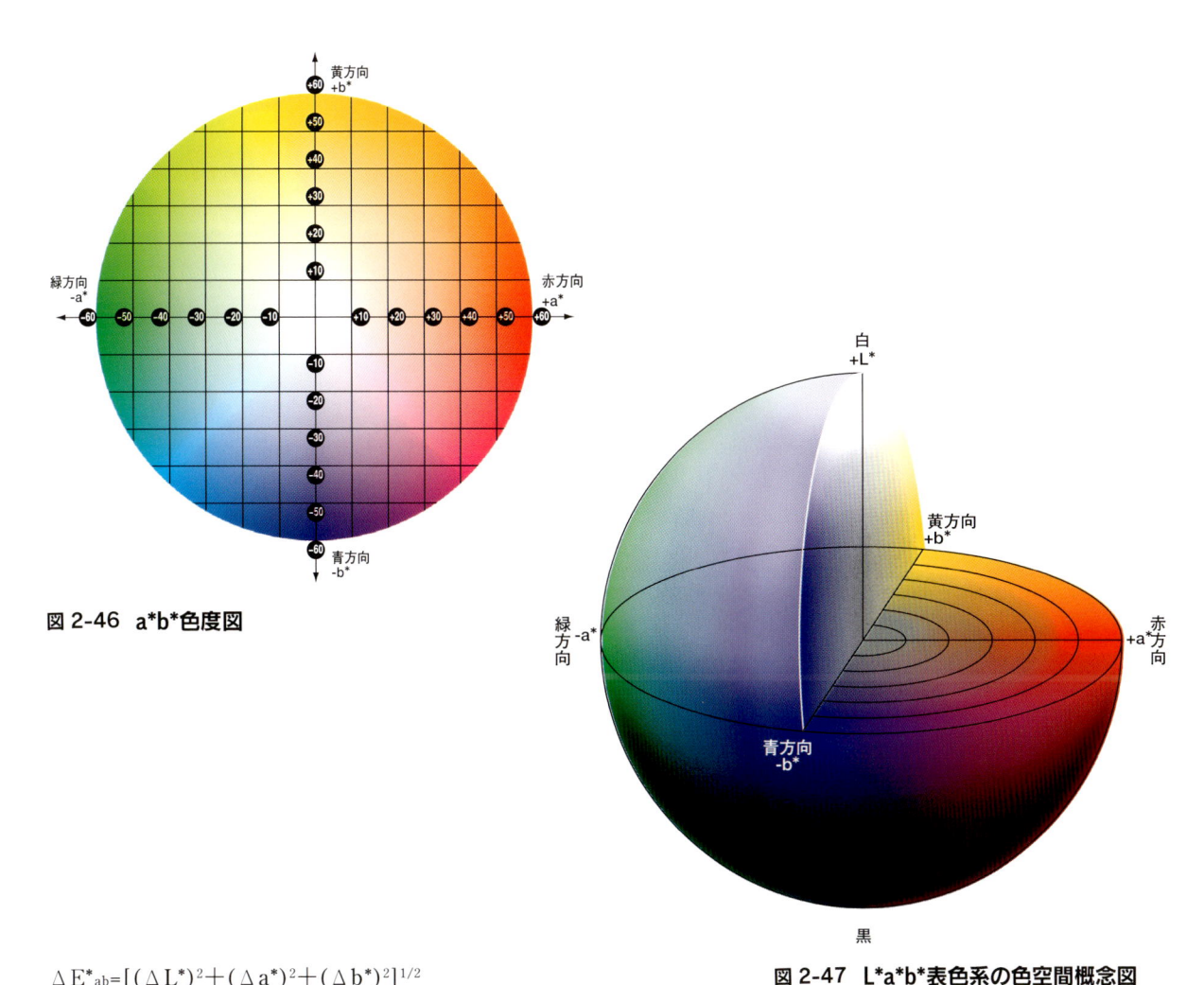

図 2-46　a*b*色度図

図 2-47　L*a*b*表色系の色空間概念図

$\Delta E^*{}_{ab}=[(\Delta L^*)^2+(\Delta a^*)^2+(\Delta b^*)^2]^{1/2}$
（△：デルタは差を表すときに使用する記号）色彩計を使用してA色とB色のL*a*b*の値を求め、その色差を表すと次のようになる。
A色‥L*=62.4　　a*=33.6　　b*=72.0
B色‥L*=57.8　　a*=36.8　　b*=68.5
$\Delta E^*{}_{ab}=[(62.4-57.8)^2+(33.6-36.8)^2$
　　　　　$+(72.0-68.5)^2]^{1/2}$
　　　　≒6.6

図2-48はL*a*b*表色系の三次元の空間座標のA色とB色の位置及びAB間の距離△E*abを示している。

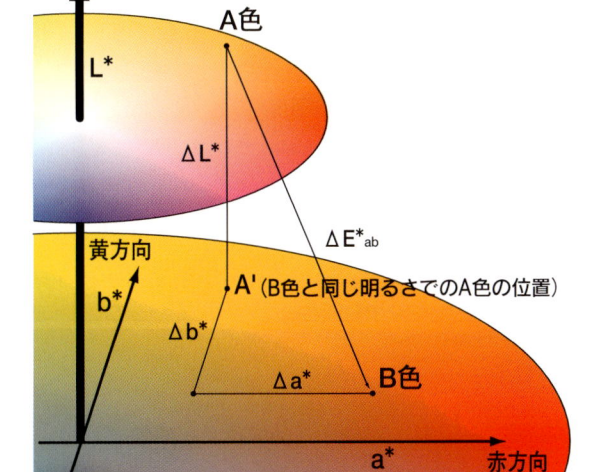

図 2-48　L*a*b*表色系の色空間での
A色とB色の位置とAB間の距離

3 色の混合

3．色の混合

　私たちを取りまく環境にはさまざまな種類の色が存在する（空や海、土や砂の色、虹やオーロラの色、植物・動物の色、自動車や電車の色、電気製品や家具の色、ファッションや化粧の色、カラー印刷やコピーの色、カラーテレビやカラー写真の色など）。

　また、プリズムで分光したスペクトルは、短い波長から長い波長へ、青紫→青→緑→黄緑→黄→橙→赤の各色が連続して推移する。このようにしてつくられた色光のすべてを収束レンズで収束すると、もとの白色光となる（P3）。つまり、私たちが日常見る白色光は、波長の異なる色光（赤・橙・黄・黄緑・緑・青・青紫）が混色（色の混合）してできているのである。このように、何気なく身近な環境に存在する色も、なんらかの原理によって混色されてできている場合が多い。

　カラーテレビやCG（コンピュータグラフィックス）・舞台照明のような混色、絵の具や塗料の混色、色コマによる回転混色、織物の縦糸と横糸による混色、点描画法の混色、カラー印刷の網点による混色など、さまざまな混色によって表されている色がある。以下、混色の基本原理の代表的なものを紹介する。

3−1　加法混色（同時加法混色）

　スペクトルの3分の1の短波長域の色光を集めると「青」、中波長域の色光では「緑」、長波長では「赤」となる（図3-4）。スペクトルの3分の1からできる色光は、網膜（もうまく）では「青」「緑」「赤」と感じる。この三色を加法混色の三原色という。

　白色光は、スペクトルのすべての波長の異なる色光を収束してできるが、スペクトルの短波長や中波長・長波長の単色光からつくることもできる。つまり、青・緑・赤の混色で白は生じる（図3-1）。また、白は補色の関係の2色の混色からもつくることができる（図3-2）。このように色光を同時に混色して生じる色は、加算されて明る

図3−1

図3−2

い色となる。このような混色を「同時加法（加算）混色」という。

　加法混色の三原色は「色光の三原色」ともいい、R（赤）・G（緑）・B（青）と、一般には呼称されている。この三原色の色相をより正確に言い表すと、赤は「黄みの赤」、緑はほぼ同じ、青は「紫みの青」である。色光の三原色の混色によって生じる色は、以下の通りである（図3-3）。

　R＋G＝Y（イエロー、黄）
　G＋B＝C（シアン、緑みの青）
　B＋R＝M（マゼンタ、赤紫）

　このように、加法混色によって、原理的にはあらゆる色を再現することができる。カラーテレビの画面は、発光する点（ドット）または線（縞目）となっていて、色光の三原色のR・G・Bがそれぞれのドット（縞目）に照射している。この発光している三原色が目（網膜）で混じり合って、色を感じ取るのである（図3-5）。

図3-3

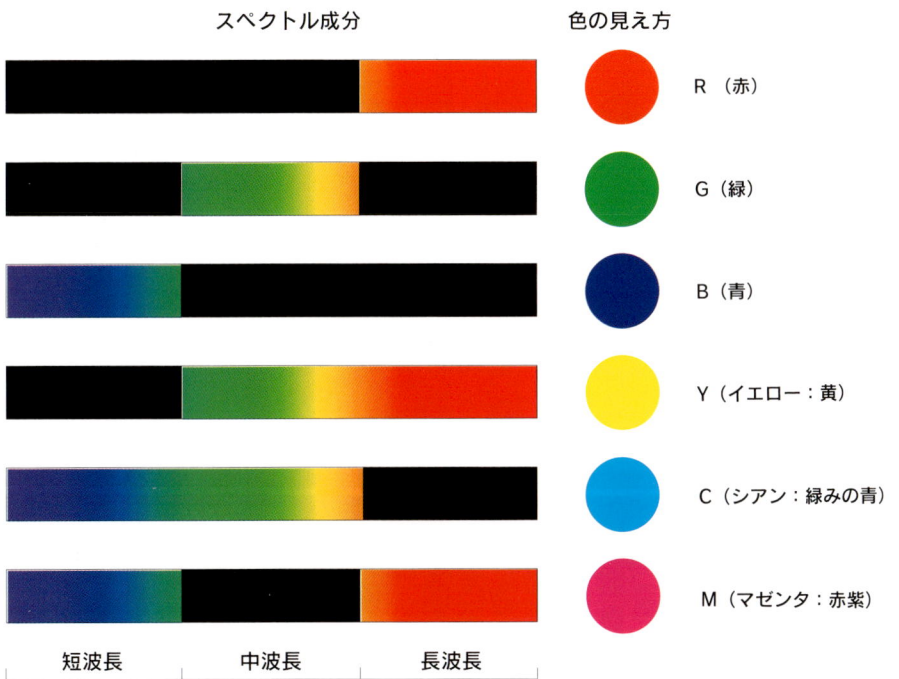

図3-4　スペクトル成分と色の見え方

3-2 継時加法混色

コマやレコードプレーヤーのような回転円板を一定面積比で扇形に塗り分けて回転させると、本来はこの2色を交互に継時的に見ているが、目の中（網膜）で混色して一つの新しい色に見える。この混色した結果生じる色は、もとの色の平均値より明るく見える。このような混色を「継時加法混色」という。回転円板による混色方法は、マックスウェル（J.C.Maxwell）が理論化したので、マックスウェルの回転混色ともいわれている。

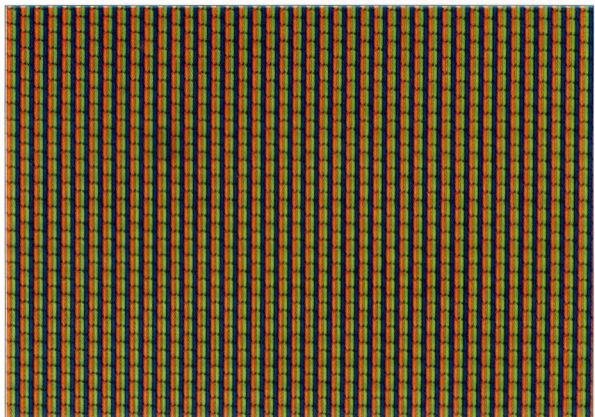

図3-5　テレビの画面と拡大写真

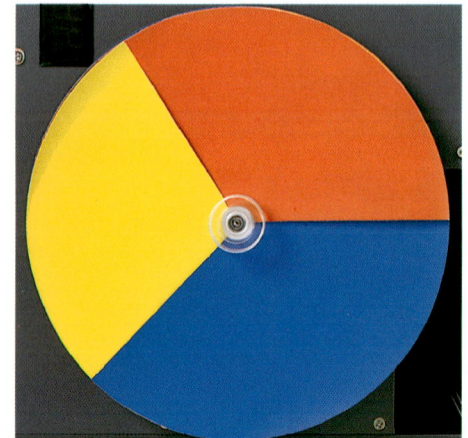

図3-6　回転によって混色するコマ

図3-7　回転円板による混色

3-3 並置加法混色

スーラやシニャックらによる点描画法やモザイク壁画などを遠くから眺めると、混色して別の色に見える。織物の色違いの縦糸と横糸で織った織物の色などは並置加法混色の代表的なものである。また、混色した結果はほぼ中間の明度となる。補色の関係では灰色となる（図3-9）。

図3-8　絵の具の点描による混色（ラ・グランド・ジャッド島のセーヌの春　ジョルジュ・スーラ 作）

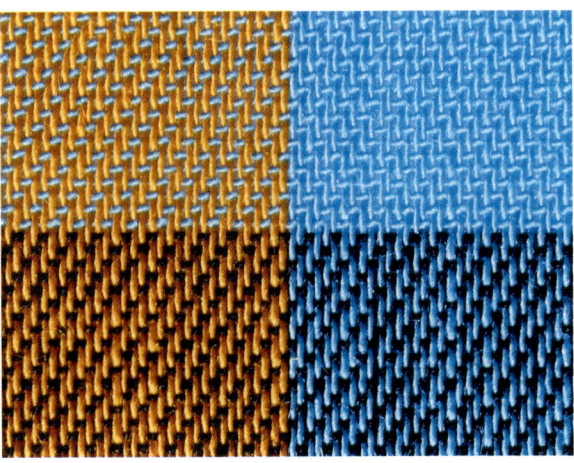

図3-9　縦糸と横糸による混色と拡大写真

3-4 減法混色

スペクトルの3分の1の長波長と中波長を集めるとY（黄）、中波長と短波長を集めるとC（緑みの青）、短波長と長波長を集めるとM（赤紫）となる。このように、スペクトルの3分の1の範囲を二つ合わせてできる3色を、減法混色の三原色という。また、絵の具の三原色とか色料の三原色ともいう（図3-12）。

絵の具やマーカー、色フィルターなどは、それぞれ若干の違いはあるが、減法混色の原理に基づいている。

減法混色の減法とは、ある色からある部分の光を取り除く（減法）ことである。例えば、光線をグレイのフィルターに当てると、光がフィルターを通り抜ける時、光の一部がフィルターによって吸収（減法）される。フィルターを透過した後の光は、もとの光より暗くなる。図3-10は、減法混色の三原色のそれぞれと減法混色の補色（物理補色ともいう）とを混色した例である。

黄と紫みの青の混色部分で黄は短波長部分を、紫みの青は長波長と中波長部分の光を吸収する。2色の混色した部分はほとんどの光を吸収し、若干の光を反射するため、暗い灰色となる。他の2組の混色例も同様の見え方をする。減法混色の三原色がすべて重なった部分（図3-12の中心部分）は、ほぼ黒となる。

減法混色の三原色の2色の組み合わせによる混色は、図3-11の通りである。

Y＋C＝G
Y＋M＝R
M＋C＝B

この減法混色の原理は、カラー印刷やカラーフィルム、カラーコピーなどに応用されている。

なお、カラー印刷の場合、C・M・Yの3色の網点のかけ合わせでは無彩色を忠実に再現できない。そこで、現実には墨版と称する黒（Bk：Black）の網点の濃淡を加えることで無彩色の再現を実現している。したがって、通常カラー印刷はC・M・Y・Bkの4色を使用して色

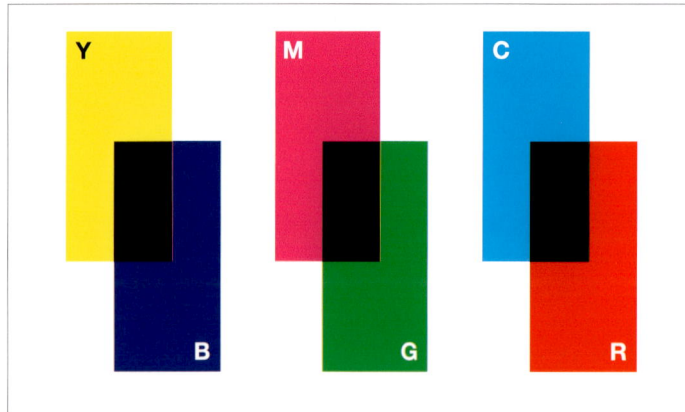

図 3-10

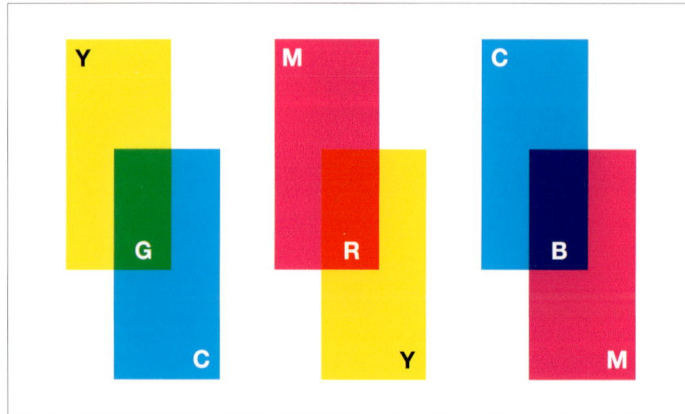

図 3-11

図 3-12

の再現を図っていることになる。網点の重なった部分は減法混色、重なっていない部分は並置加法混色であるが、減法混色理論に基づいた技術を基礎としたものである。

図3-13　カラー印刷の網点の拡大図

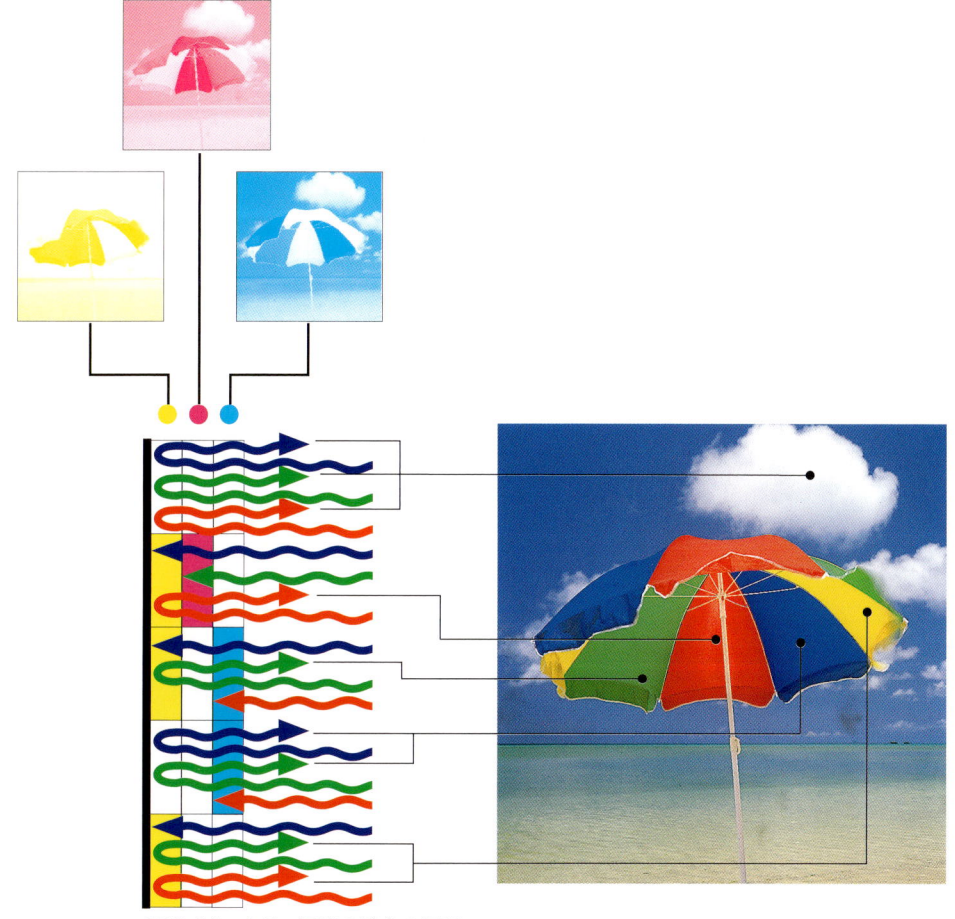

図3-14　カラー写真の発色の原理

4. 照明

人間の視覚器官は太陽光に対応してなりたっている。古代から太陽光にかわる光源（光）が求められてきた。薪の灯り、ローソクやランプの灯りなどで、現在では白熱灯や蛍光灯、さらに質の異なるさまざまな光源が開発され利用されている。これらの光源の違いを知ることによって目的に応じた利用が可能となる。

光源の質によって、ものの見え方は違ってくる。例えば、百貨店の店内などで選んだ服の色を屋外の自然光のもとで見ると、違った色に見える。図4-1は自然光、白熱灯、蛍光灯、低圧ナトリウム灯の分光分布である。光源の色の違いは色温度で表される（ローソクの炎では色の異なる炎が層をなしているのが見えるが、この各層の温度が異なることから理解できよう）。その単位はK（ケルビン）で表す。－273℃をゼロ点とするので273Kは0℃に対応する。色温度が低いと赤みを帯び、高くなるにしたがって白から青へ変化する。白熱灯の色温度は2,856Kで長波長域の光が多く、したがって物体色は赤みがかった黄色みをおびて見える（図4-2-B）。図4-1の蛍光灯の分光分布では長波長域の光が少ないので赤やオレンジ系はややくすんで見える（図4-2-C）。自動車道のトンネル内の照明に使用されている低圧ナトリウム灯は、ほぼ589nmの単色光である。したがって、オレンジ系の物体色以外は灰色っぽくくすんだ色に見える（図4-2-D）。レストランやダイニングルームでは暖かみのある白熱灯、オフィスや工場では蛍光灯、自動車道路のトンネルでは耐久性、経済性から低圧ナトリウム灯。調色・比色などには演色性の高い光源、というように使用目的にあわせて選択するとよい。

標準イルミナント（標準の光）…物体の色が照明条件の違いで異なった色に見えることは、色を正確に伝えたい場合には不都合であ

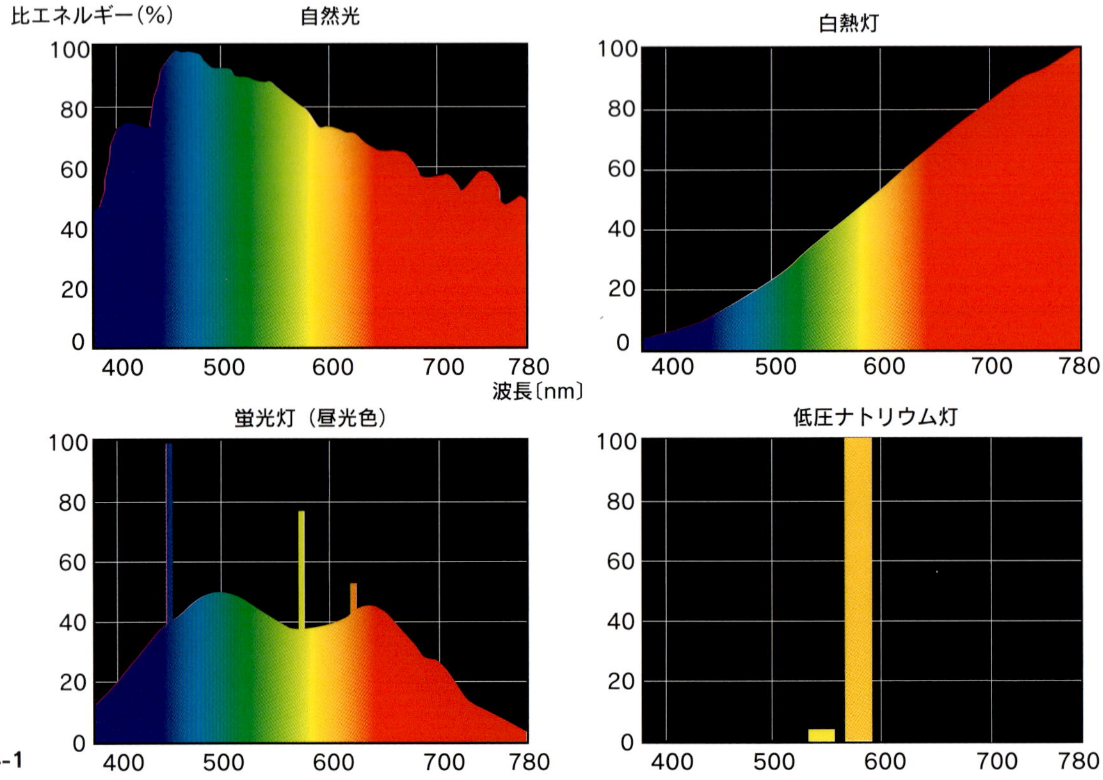

図4-1

る。現在、日本工業規格「JIS Z 8720 測色用標準イルミナント（標準の光）及び標準光源」では、標準イルミナントとして2種（A、D_{65}）を規定している。標準イルミナントAは色温度が約2,856Kの白熱灯で、標準イルミナントD_{65}は、色温度が約6,504Kの昼光である。補助標準イルミナントCは標準イルミナントに準じて使うことができ、約6,774Kの北空昼光である。

色順応…明るい場所から暗い場所に移動すると、暗くて周囲を判別できない。しばらくすると、目が慣れて周囲が見えるようになる。暗い場所から明るいところへ移動すると、明る過ぎてまぶしいが、しばらくすると普通の状態にもどる。このような現象を明暗順応という。昼光の場所から白熱灯の光の場所へ移動すると、見るものが赤みに感じられるが、やがて、赤みは消えて昼光下で見た時とほぼ同じ見え方になる。このように、光源の違いによる色の見え方の違いを目が自動的に補正することを「色順応」という。これは色を感じる錐体の補正作用によるものである。

演色性…光源の分光分布が変わると、物体の色の見え方は変わる。この光源の性質を演色性という。演色性は基準となる光源を100として比較した場合の演色評価数（Ra）で表示する。一般的な蛍光灯の評価数はRa60程度で高演色性の蛍光灯ではRa98に達するものもある。低圧ナトリウム灯はRa15〜30と評価数は低い。

条件等色（メタメリズム）…二つの色が同じ色に見えても、それぞれ異なる混色の結果得た色であれば2色の分光分布は異なり、照明条件が異なると違った色に見える。このように、特定の照明条件で同じ色に見えることを条件等色（メタメリズム）という。

A. 自然光

B. 白熱灯

C. 蛍光灯（昼光色）

D. ナトリウム灯

図4-2　光源による色の見え方の変化

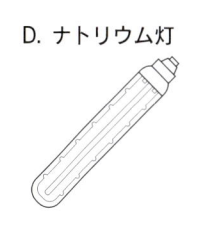

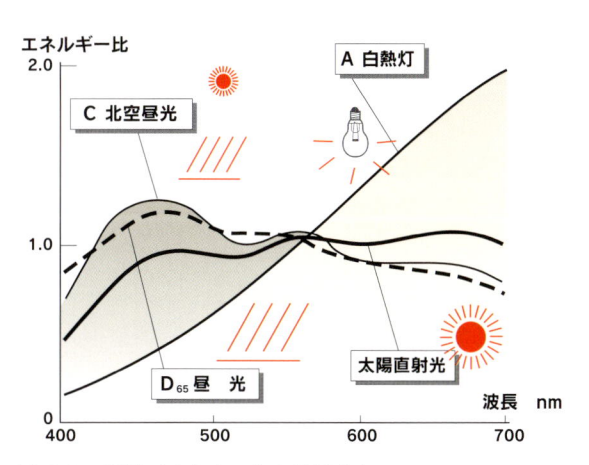

図4-3　標準イルミナントの分光分布

5 色彩の心理

5. 色彩の心理

5-1　色の働き＝色の見えの効果

　色の刺激を単独で受けることは、まれである。常に複数の色を、集合として同時に見たり、時間的に前後して見ることが多い。それらの色は、他の色に囲まれたり、隣接したり、背景の色であったりする。条件が変わると、同じ色に見えるはずの色が変化し、異なるはずの色が同じに見えたりもする。

　ところで、網膜は、光を電気信号へ変換し、情報を脳に転送する(p5)。その情報は、単に光が物理的に変換されただけのものではなく、複雑な網膜細胞の中で一定の処理や評価を加えられている。網膜のこの処理機能の結果として、色の見え方が変化するのである。

　このように、「色の見えの効果」は網膜の働きと関係する。以下に、その基本原理とその結果生じる視覚効果について述べる。

5-1-1　負の残像（陰性残像）

　ある色をしばらく見続けていると、その色の刺激が網膜に刻みつけられる。その色の刺激に網膜（視細胞）の反応が順応（弱められる）していくのである。そこで目を他の対象に移動させると、もとの色とは反転した色が残像として現れる。図5-1では、白い円を一定時間注視し、次に白地の×印に目を移動させると、その周囲（背景）は白く、中心部分は灰色に見える。同様に、図5-2では赤の残像として青緑が見える。

　このようにもとの色と反転した残像を「負の残像」または「陰性残像」といい、反転した色がもとの色の心理補色である。この残像は、明度・色相のそれぞれについて確認することができる。

5-1-2　継時対比と同時対比

　ある色をしばらく見続けた後に他の色に目を移動して見た場合、前に見た色の残像が影響して、色の見え方は変化する。例えば、赤い色をしばらく見た後に黄色を見ると、赤の残像（負の残像）のうすい青緑が黄に重なって、その黄色は緑みを帯びて見える。

　このような色の見えの変化を「継時対比」または「継時的色対比」という。

　他方、背景（バックグラウンド、誘導野ともいう）と図柄（テストフィールド、検査野ともいう）の関係や配色のように、直接色と色とが接した場合に生じる対比を、「同時対比」または「同時的色対比」という。色の見え方の変化の

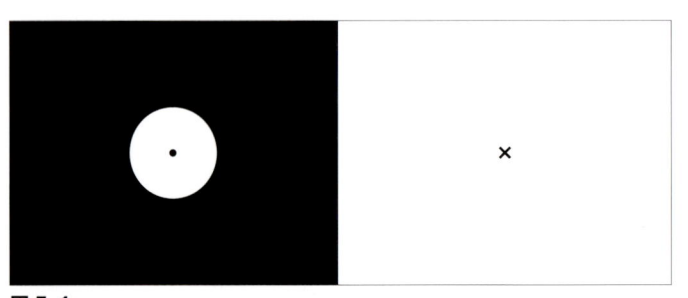

図 5-1

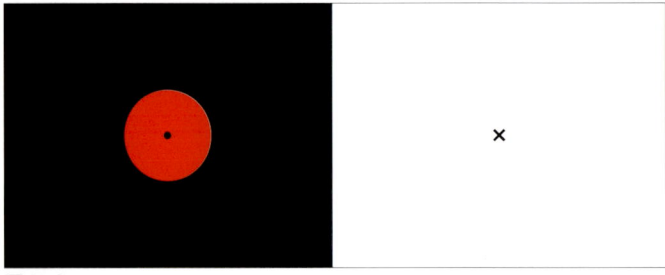

図 5-2

仕方は、「継時対比」とほぼ同じである。

5-1-3　明度対比

図5-3は、白の背景と黒の背景に、同一明度の灰色が置かれている。背景色が白の場合は暗く、背景色が黒の場合は明るく見える。このように、背景色と図柄の色の関係で、背景色の反対方向に図柄の明度が変化して見える対比効果を、「明度対比」という。有彩色でも同様の対比が起こる。

5-1-4　色相対比

図5-4の背景色は右がPCCSのv2（vivid red）、左はv8（vivid yellow）で、中心の図柄の色はどちらもv5（vivid orange）である。右の図柄を注視すると背景色の赤の刺激に対して網膜上の赤に反応する錐体は活性し、やがて順応して負の残像が現れる。つまり、背景色の赤に対して心理補色にあたるうすい青緑が誘発され、それが図柄の色と混色されることによって、図柄の色の橙は黄色みを増す。

左の黄色が背景色の場合、その残像は黄色の心理補色にあたる青紫である。図柄の色の橙は、結果として、青紫方向に色相が移動した状態で知覚される。

図5-5では、図柄の色はv20（vivid violet）だが、背景の色の影響で左は青みを、右は赤みを増して知覚される。

このように、図柄の色相は、背景色の残像として現れる心理補色の方向へ変化して知覚される。このような対比効果を「色相対比」といい、背景と図柄の面積比が大きいほど、その効果は強い。また、背景と図柄の色の明度が近似しているほど、色相対比は増大する。

5-1-5　彩度対比

同じ色が、周囲の色の条件によって、彩度が高く見えたり低く見えたりする。図5-6の左の背景色は無彩色（灰色）、右の背景色はv18（vivid blue）、図柄の色は左右同色で中彩度のsf18（soft blue）である。無彩色を背景とし

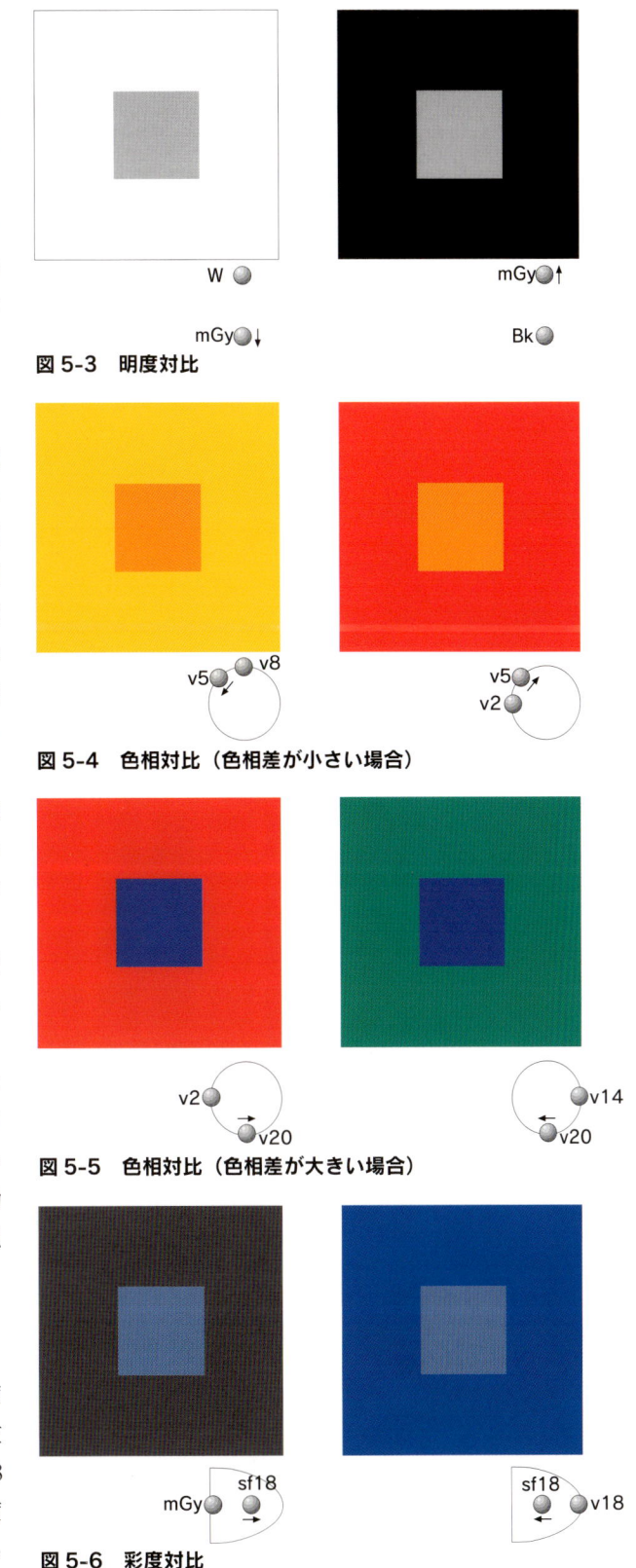

図 5-3　明度対比

図 5-4　色相対比（色相差が小さい場合）

図 5-5　色相対比（色相差が大きい場合）

図 5-6　彩度対比

図 5-7　補色による彩度対比

図 5-8　色陰現象

図 5-9　縁辺対比　　図 5-10　ハーマングリッド

図 5-11　縁辺対比によるイリュージョン

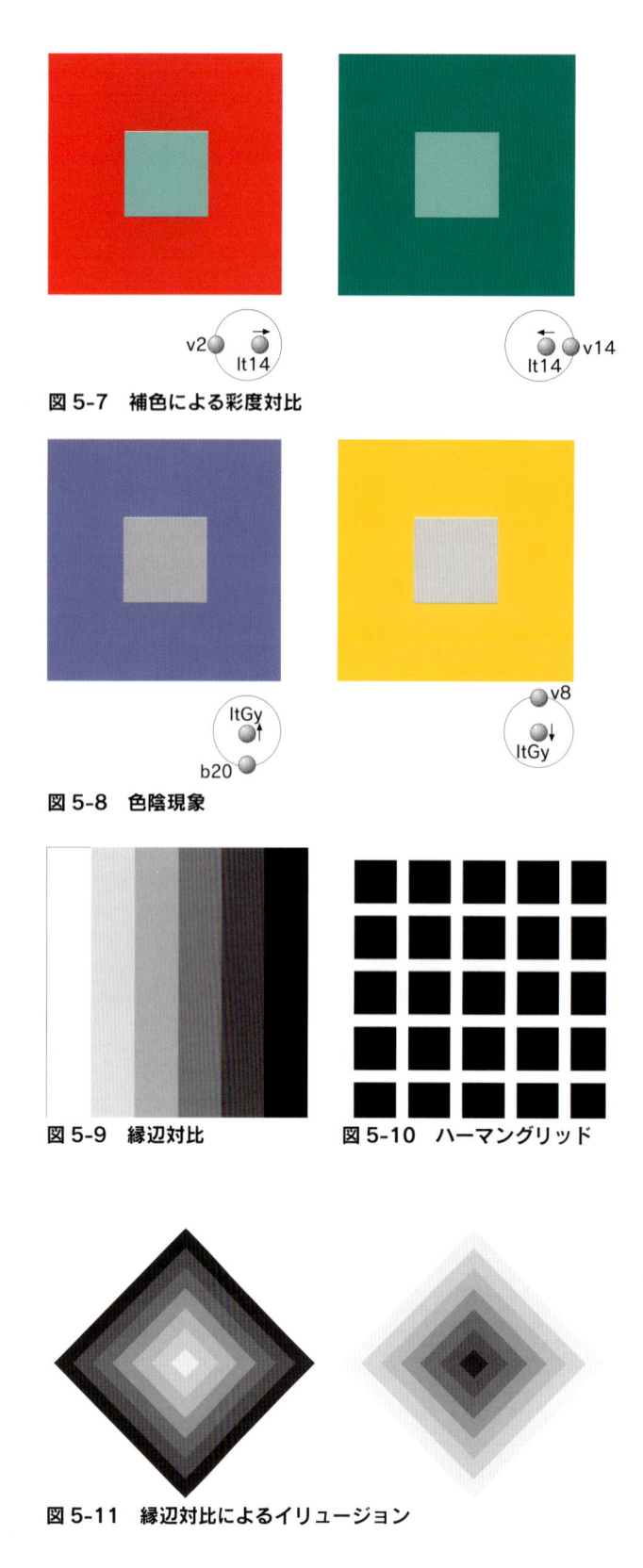

た青はもとより彩度が高く見え、右の高彩度の背景色の場合は、図柄の青の彩度は低下して見える。このように、背景の色の彩度と反対方向に図柄の色の彩度が変化して見える対比を、「彩度対比」という。

5-1-6　補色による彩度対比

　図5-7の図柄の色は、どちらもlt14 (light blue green) である。左は、背景色のv2 (赤) と図柄の色とは補色の関係にある。この場合、図柄の色の彩度は、より高く感じられる。反対に右側の背景と図柄の関係の場合は、彩度対比によって、図柄の色の彩度は低下して見える。
　左の図のように、補色関係でもとの彩度より彩度が強められて見える対比を、「補色による彩度対比」という。

5-1-7　色陰現象

　図5-8の図柄の色は、どちらも明るい灰色である。左の灰色は背景の色相 (青紫) の補色である黄みに近付いて見える。右は中心の図柄の灰色に、周囲の色相 (黄) の補色 (青紫) が重なって感じられる。このように、周囲の補色が中心の図柄に重なって見える現象を、「色陰現象」という。

5-1-8　縁辺対比

　図5-9は無彩色による明度のグラデーションだが、色の境界部分では隣の色の影響を受けて、一方は明るく、一方は影のように明度が下がって見える。このような対比効果を「縁辺対比」といい、隣接する2色を網膜細胞が処理または評価する際、2色間の差異がもとの状態より強調されて知覚するために起こる現象である。
　図5-10では、四角い黒の間の白い帯が交差する部分は他と比べて黒から少し距離があるために対比が弱くなり、やや黒ずんで見える。このような対比効果を「ハーマン・グリッド効果」といい、明度対比の一種である。黒の格子図形をハーマン・グリッド、交差部分の灰色の点をハーマン・ドットという。

図5-11の左の図形の対角線は明るいラインが見え、右の図形では対角線に暗いラインが見える。左の図形は角の部分では境界線の内側は縁辺対比で明るく感じる。その結果対角線上に白いラインとして目に映る。右の図形は左の図形とは逆に暗いラインが見える。これらは縁辺対比による錯視（イリュージョン）の一種である。

5-1-9　その他の視覚現象

エーレンシュタイン現象

　図5-12の格子模様は縦横に描かれた黒線が交差する手前で途切れている。この十字部分の空白部分に本来存在しない明るい円が見える。このような配置パターンを見ると、人は全体的な配置から、物理的には存在しない輪郭や面を感じる。これは脳の視覚野や、より高次な視覚領の働きによるものといわれている。この図形は確認した人の名を取ってエーレンシュタイン図形という。

ネオンカラー現象

　図5-12の図形の十字部分の空白に明るい色を付けると(図5-13)、その色がにじみ出て丸く広がって見える。このような現象を「ネオンカラー現象」といい、われわれの視覚処理系が生み出す主観的な現象である。図5-14の図形も図5-13の図形の効果と同様の理由によって二重の色の円が見える。

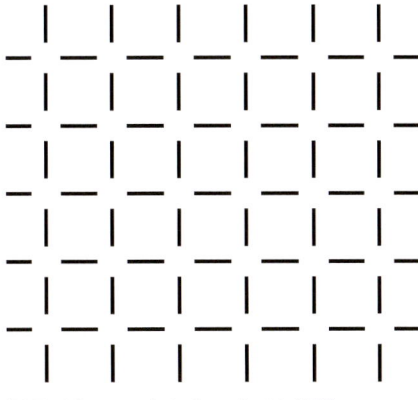

図 5-12　エーレンシュタイン現象

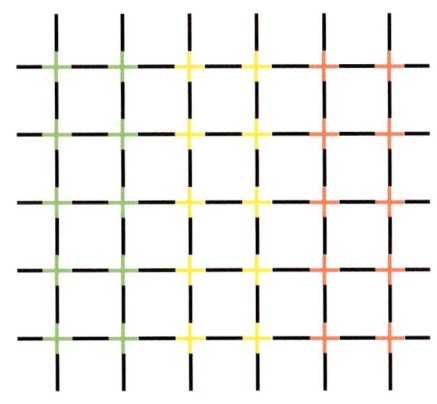

図 5-13　ネオンカラー現象 -1

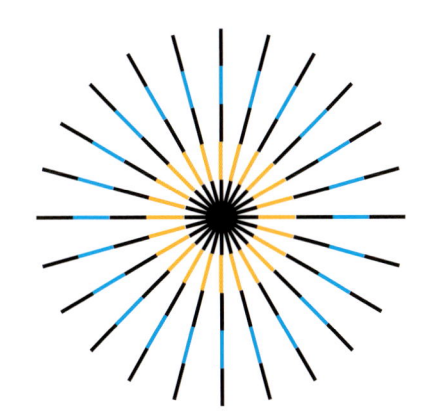

図 5-14　ネオンカラー現象 -2

5-1-10 同化現象（フォン=ベゾルト効果）

灰色の背景色の上に黒い線の模様を描くと、背景色の灰色は黒ずんで見える。白い線の模様の場合は背景色も白みを帯びて見える。これは明度対比とは逆の効果で「同化現象」、または「フォン=ベゾルト効果」といわれる現象である。この現象は、図柄となる色の面積が小さい（柄が細かい）、あるいは線が細いほど効果は現れやすく、背景と図柄の色の明度と色相が近似しているほど、その効果は著しい。

また、同化現象は、点や線の大きさと密接に関係すると同時に、見る距離と関係する。近くで見ると個々の点や線は識別できるが、一定の距離をおいて見ると背景と図柄（点や線）が混じり合って、同化現象が現れる。

このような同化現象は、明度・色相・彩度のそれぞれにおいて現れる現象で、対比効果と同様に、プリントデザインや壁紙、その他の平面デザインの背景と図柄の関係で、考慮すべき現象である。

1) 明度の同化

図5-15は、灰色の背景に白線と黒線とで模様が描かれている。

図の左側、白線部分では明度の同化が起こり、背景の灰色は実際の明るさより明るく感じられる。逆に図の右側、黒線部分では背景色の灰色は実際の明るさより暗く感じられる。

2) 色相の同化

図5-16は、緑の背景に黄の線と青の線とで模様が描かれている。

図の左側、黄線部分では色相の同化が起こり、背景の緑が本来よりも黄みが強く感じられる。同様に図の右側、青線部分では色相の同化により本来よりも青みが強く感じられる。色相の同化現象は、色相関係が近似しているほど起こりやすい。

図5-17は縦縞のストライプの回りに描いた細い線の色に同化した例である。

図5-18右のオレンジ色のストライプは黄色のストライプに同化して元のオレンジ色より黄みのオレンジに見えている。同図左の緑色のスト

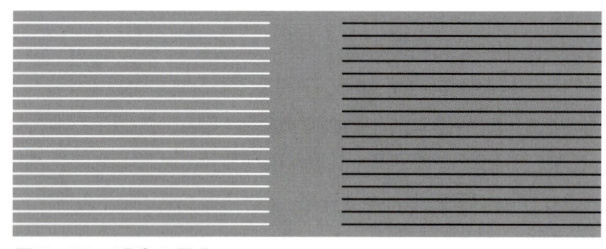

図 5-15　明度の同化

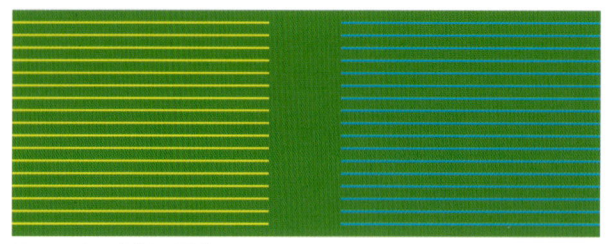

図 5-16　色相の同化

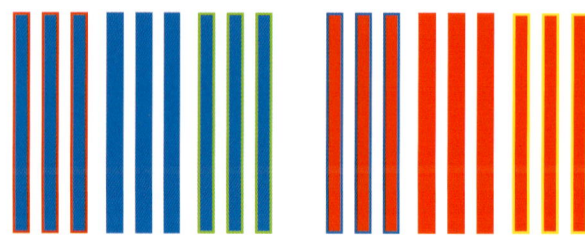

図 5-17

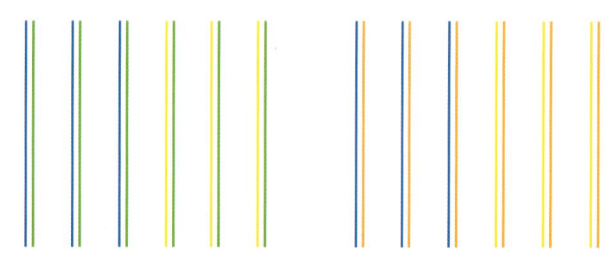

図 5-18

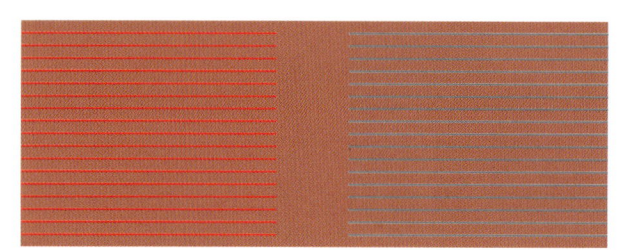

図 5-19　彩度の同化

ライプは黄色のストライプに同化して明るい黄緑に感じられる。

（いずれも、併置加法混色の一種であるとも考えられる。）

3) 彩度の同化

図5-19は、にぶい赤の背景にあざやかな赤の線と灰色の線とで模様が描かれている。

　図の左側、あざやかな赤の線の部分では、彩度の同化が起こり、背景のにぶい赤が本来よりもあざやかに感じられる。図の右側、灰色の線の部分では本来よりも彩度が低く、濁ったように感じられる。

5-1-11　色の面積効果

　面積の大小によって、色の見え方は変化する。小さな面積より大きな面積の方が、明るく、よりあざやかに感じられる。反対に、暗く感じる色は、面積が大きくなると、いっそう暗く感じる。このように、面積の大小によって明度や彩度に変化を感じることを、「色の面積効果」という。このことは、色を指定する際、小さな色見本だけで決定することのむずかしさを物語っている。

図 5-20　色の面積効果

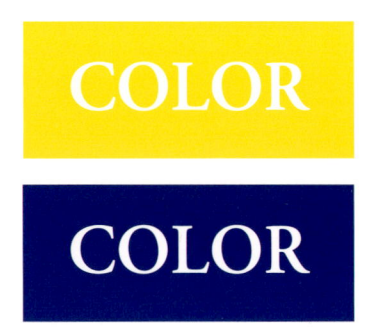

5-1-12　色の視認性

　屋外の標識や広告物などを遠くからながめると、よく見える色とそうでない色とがある。この現象を「色の視認性」という。赤や黄は目立つ色という言い方をすることがよくあるが、「色の視認性」の良否は、第一に背景との明度差の大小、第二に彩度差、第三に色相差が影響する。「視認性」を高めるには、この順に差を大きく取ればよい。

図 5-21　視認性
文字が白の場合、背景色は明度差の小さい黄色よりも、明度差の大きい青などのほうが遠くからでも認めることができる。

図 5-22
交通標識は、視認性、誘目性の高い配色が使われている。

図 5-23
夜景を彩るネオンには、誘目性の高い色が使われている。

5-1-13　色の誘目性

目立つ目立たないといった問題だけでなく、色が人の注意を引きつける度合いを「誘目価」または「誘目性」という。一般に、誘目性の度合いは赤・橙・黄などの暖色系は高く、緑・青・紫などの寒色系といわれる色は低い。

工業製品のスイッチの色や動く部分の色などは、誘目性の高い色（注意を引きつける色）を使う必要がある。

5-1-14　進出色・後退色

色が異なると、観察者の方へ近づいたり、後退したりして見える。このように色によって見かけの距離（奥行き）が変化して見えることを、「色の進出・後退」という。一般に、暖色系が「進出色」、寒色系は「後退色」で、明るい色が暗い色より進出する。図5-24の左の図では、赤と緑の距離は離れて見え、図5-24の右の図は前に緑、後ろに赤を配置した例だが、見かけの距離は接近して見える。

5-1-15　膨張色・収縮色

図柄の形や大きさが同じでも、色によって大きく見えたり、小さく見えたりする。このような「大きさ知覚」の現象は、「膨張色」とか「収縮色」といわれている。一般に、暖色系の方が寒色系より、明るい色の方が暗い色より、大きく見える。また、周囲の色が明るいほど、図柄の色は小さく見える。

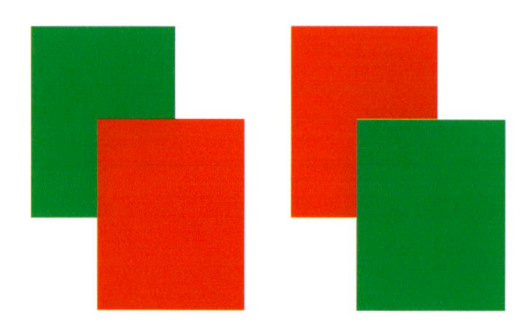

図 5-24　進出色・後退色
上の左右の図では赤を前に配置した左図の方が、緑を前に配置した右図よりも、重なっている2色の間隔が離れて見える。

5-2 色のイメージ、連想

5-2-1 色のイメージ

　赤が暖かい感じを表すというので、暖かい雰囲気をつくるためにインテリアの色彩に赤を多く使った場合に派手な感じに見られたり、柔らかい感じのデザインなので形に合わせて明度の高いうすい色のペールトーンでまとめたところ軽い感じに見えたりするように、同じ色が多様な感情的側面をもっている。

　色彩の心理的効果をできるだけ多面的に分析するには、SD法（semantic differential method）と呼ばれる方法を用いる。SD法では、反対語の対をスケールとして測定し、色彩の感情的な面をとらえる。色の好き－嫌い、美しい－醜い、上品－下品などは個人の主観であるが、暖かい－冷たい、陽気－陰気、動的－静的、軽－重、固い－柔らかい、派手－地味、強－弱などの色彩感情は、SD法によって、誰にでもほぼ共通する要素であることが認められている。

　図5-25は、煙突の色彩のイメージプロフィールである。赤と白に塗り分ける煙突の規制が解除された際に行われた「理想の煙突のイメージ」アンケートのイメージプロフィールを太線（ピンク）で、得られたイメージに近くなるようにデザインされた煙突の完成後のイメージ調査結果のイメージプロフィールが細線（青）で示してある。このように、SD法は、色彩デザインのイメージ評価や目標設定に、よく使われている。

　単色とトーンのイメージを、最も代表的な用語対によるイメージプロフィールを図5-26、27に示した。主なイメージは、次のようである。

派手……単色：赤・橙・黄・紫・緑・青など、
　　　　主要な有彩色、
　　　　トーン：v（vivid、さえた）、s（strong、強い）、b（bright、明るい）

地味……単色：灰・黒、
　　　　トーン：g（grayish、灰み）、ltg（light grayish、明るい灰み）、d（dull、にぶい）

柔らかい…単色：白、トーン：p（pale、うすい）、lt（light、あさい）

固い………単色：黒、トーン：dk（dark、暗い）

暖かい……単色：赤、橙、黄、トーン：v、b、lt、p

冷たい……単色：白、灰、黒、青、青緑、
　　　　　トーン：dk

軽い………単色：白、黄、トーン：p

重い………単色：黒、青、トーン：dk、dp（deep、濃い・深い）

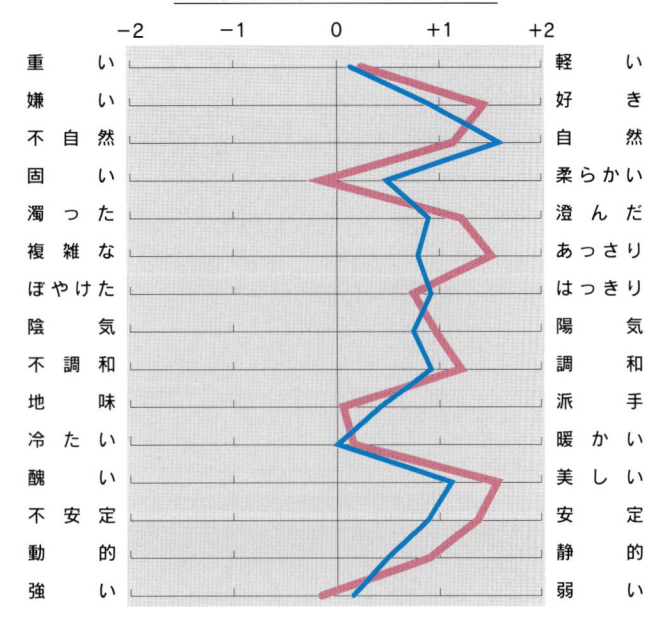

図5-25 太線（ピンク）は、塗り変え前にアンケートをとった「理想の煙突」のイメージプロフィール。細線（青）は、そのアンケート結果による「理想の煙突」を目標としてデザインし、塗り変えられた煙突（右写真）のイメージプロフィール。

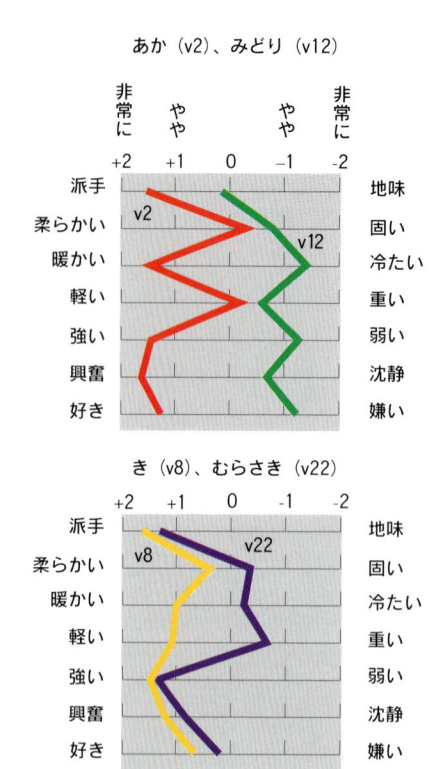

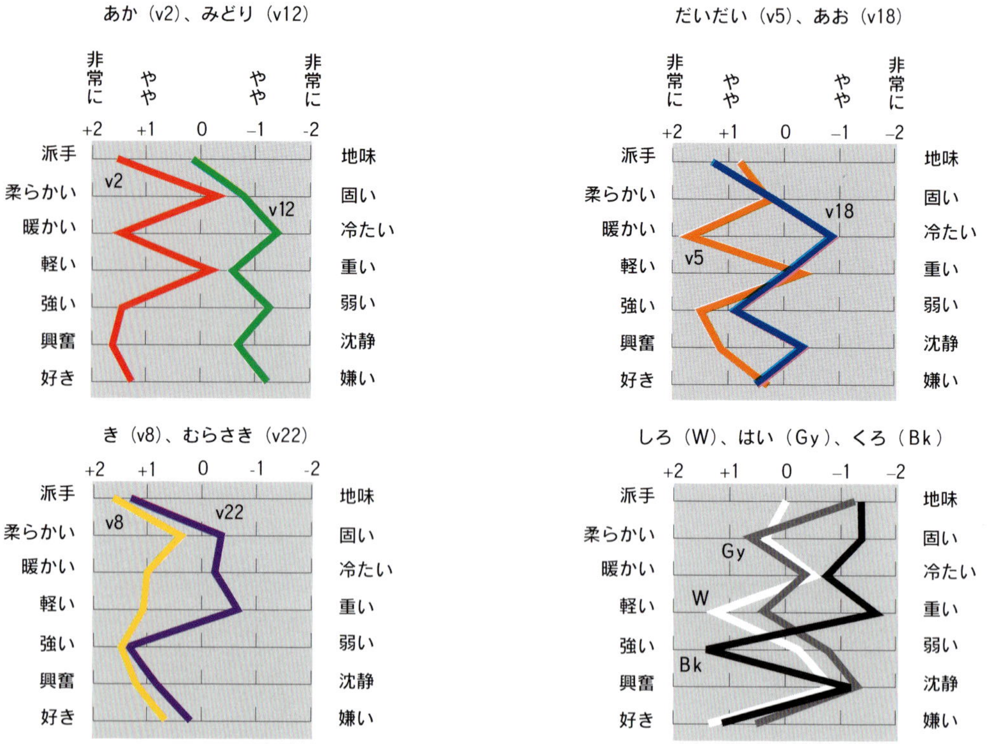

図 5-26 単色のイメージプロフィール

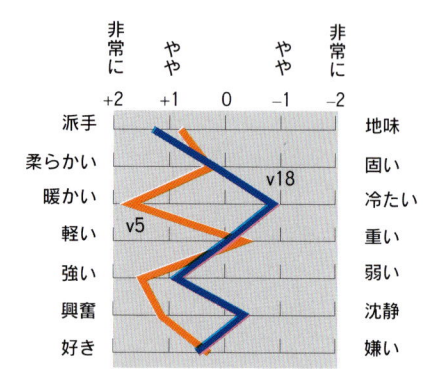

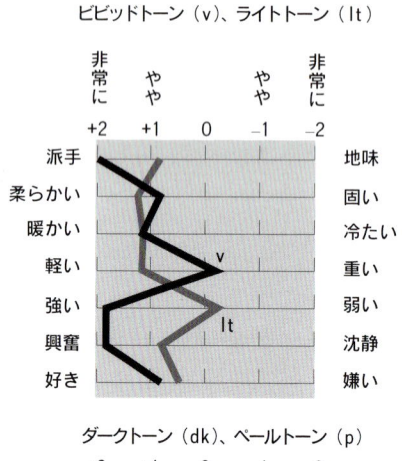

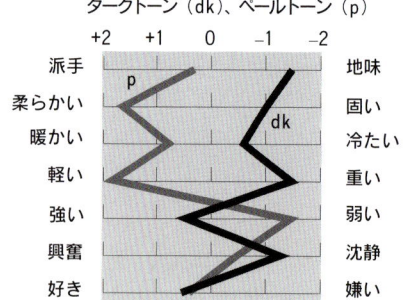

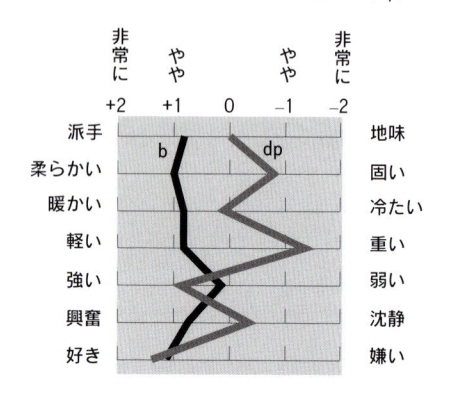

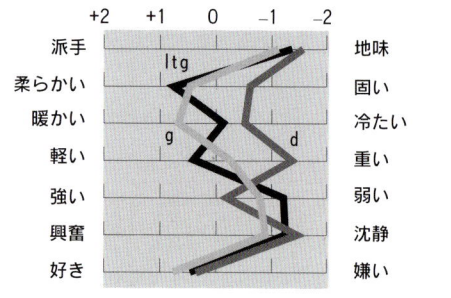

図 5-27 色調(トーン)全体のイメージプロフィール(1993,大井調査)

弱い………トーンのpが中心
興奮ー鎮静は暖寒と共通だが、好きー嫌いはどちらともいえない。

5-2-2　色彩と連想

赤い色を見るとリンゴを思い浮かべたり血や太陽を連想する、青を見ると海や空を思い浮かべるなど、色彩は高い連想価をもつ。色彩に、ある観念を引き出す力があるからである。

色彩の連想を自由連想法で行い、連想語を分類・整理すると、リンゴや太陽などの具象的なものと、情熱とか怒りなどの抽象的なものとに分けることができる。一般的には幼・少年では身近な動・植物などの具体的な連想が多く、青年・成年・老年になると具体的な連想からつながる抽象的な連想が多くなってくる。男女では、女性に食物が多くでる傾向があり、最初の色で連想されたものとの関連で他の色の連想もされやすい。最初、赤でリンゴが連想されると橙でミカン。黄でレモンというようになることが多い。

連想は、個人的な経験・記憶・思想・意見など、色からの直接の投影であるといえるが、一つの色から連想される言葉は限られており、赤など反応語の多い色でも、一人で10語くらいである。筆者の調査例を表5-1にあげる。

全体として具体的連想が多く、特に有彩色にはその傾向が強く、無彩色は抽象的な連想が現れやすい。また、赤・青・白は特に連想が集中しやすい傾向が見られ、きみどりとみどりは似た連想の傾向があり、むらさきなどは連想語が少ない。

表5-1　色からの連想(1978,大井調査)

色	連想語
赤(R)	1) リンゴ　2) 血　3) バラ　4) 火　5) 太陽　6) 情熱　7) 信号　8) 口紅　9) ポスト　10) イチゴ　11) 消防車　12) サクランボ　13) 夕焼け　14) チューリップ　15) トマト　16) 赤ちゃん　等
橙(YR)	1) ミカン　2) 夕焼け　3) 柿　4) 太陽　5) 炎　6) ジュース　7) 紅葉　8) にんじん　9) びわ　10) 暖かい　等
黄(Y)	1) レモン　2) バナナ　3) 信号　4) ひまわり　5) 卵　6) 菊　7) 注意　8) 星　9) 月　10) ちょうちょ　11) 旗　12) 帽子　13) 菜の花　14) クレヨン　等
黄緑(GY)	1) 葉　2) 草　3) 芝生　4) 野原　5) 草原　6) 木　7) キャベツ　8) レタス　9) メロン　10) 芽　11) 春　12) 新緑　13) 自然　14) 森　15) 牧場　16) 山手線　等
緑(G)	1) 葉　2) 木　3) 山　4) 草　5) 信号　6) スイカ　7) 黒板　8) 森　9) 芝生　10) 林　11) ピーマン　12) 茶　13) きゅうり　14) 緑のおばさん　等
青(B)	1) 空　2) 海　3) 水　4) 湖　5) プール　6) 川　7) 信号　8) 自然　9) 冷たさ　10) さわやか　11) 寒い　12) 夏　13) クレヨン　14) 瞳　等
紫(P)	1) ぶどう　2) すみれ　3) なす　4) 菖蒲　5) 紫式部　6) 藤の花　7) 高貴　8) りんどう　9) 桔梗　10) あやめ　11) グレープジュース　12) クレヨン　等
白(W)	1) 雪　2) 雲　3) ウエディングドレス　4) 紙　5) Yシャツ　6) 牛乳　7) アイスクリーム　8) 兎　9) 清潔　10) 純潔　11) 純白　12) 看護婦　13) 白衣　14) 天使　15) 花嫁　16) 病院　17) 救急車　18) 歯　19) ブラウス　20) 下着　21) 百合の花　22) ボール　23) 白熊　等
灰(Gy)	1) ねずみ　2) 雲　3) 煙　4) スモッグ　5) 道路　6) 雨　7) 空　8) コンクリート　9) 粘土　10) 瓦　11) 冬　12) 象　13) ビル　14) 悲しさ　15) 公害　16) くもり　17) 暗い
黒(Bk)	1) 髪　2) 夜　3) 墨　4) 暗闇　5) 学生服　6) 目　7) ピアノ　8) タイヤ　9) 鉛筆のしん　10) カラス　11) 葬式　12) 喪服　13) 恐怖　14) 靴　15) 暗い　16) インク　17) かさ　18) 悪魔　19) 神秘的　20) アスファルト
ピンク(Pk)	1) 桃　2) 桜　3) 可愛い　4) 春　5) 少女　6) 目　7) 花　8) 暖かい　9) 赤ちゃん　10) 柔か　11) ドレス　12) やさしい　13) ワンピース
茶(Br)	1) 土　2) 木　3) 秋　4) 枯葉　5) チョコレート　6) 栗　7) 紅葉　8) 山　9) 落ち葉　10) 落付き　11) 10円玉　12) 外人　13) 髪　14) 机

色の連想に関しては、色名だけと色見本を見てのものとで多少ずれがあるが、大きな違いはない。

色彩連想の調査例は多くある（表5-2）。色彩計画で色選定をする場合、連想から定着した象徴的な意味を考えるとよい。

連想しやすい色の赤や橙・青・白などは、固定した概念をもたせやすい。暖房器具のストーブには、水や冷たい連想をする青を用いたものよりは、暖かい炎・火を連想させる赤やオレンジが使われることが多く、冷蔵庫、扇風機などには、赤や橙よりも、涼しさ・さわやかさを連想させる青系統の方が、自然な色の選び方といえる。可愛らしい一赤ちゃん一柔らかいなどの連想をするピンクは、ベビー服などの色に多く、ベビーピンクの色名にもなっている。高貴一上品一落ち着き一大人っぽいと連想する紫は、高級イメージを表す色として用いられている。

色彩を決める要素に、全体の雰囲気に合う色を選ぶ必要がある。表5-3は、イメージ語から

表5-2 色からの連想（塚田敢、「色彩の美学」より）

色系	色名	具体的連想	抽象的連想
無彩色系	白 灰色 黒	雪、白紙、砂糖 雲、鼠、灰 墨、炭、夜	潔白、清楚、清潔、衛生 陰鬱、寂寞、沈静、平凡 暗黒、悲哀、厳粛、死
赤色系	赤 ピンク えんじ色	火、血、太陽、赤旗 ばら、桃、頬紅 小豆	情熱、強烈、革命、危険 温情、幸福、愛、女性的 平凡、素朴、沈着
橙色系	橙 はだ色 かば色 赤茶色 らくだ色 褐色	蜜柑、オレンジ、柿 肌、白粉 れんが、赤土 土、チョコレート らくだ、しゃつ 土	温情、陽気、快活、嫉妬 明快、平和、温和、甘味 堅実 剛健、堅実 平凡、中性、素朴 剛健、硬さ、苦味
黄橙色系	黄橙 こげ茶色 ベイジュ	山吹の花、蜜柑 土 枯草	快活、光明、明快 陽気 平凡、中性
黄色系	黄 うぐいす色 オリーブ色 うす黄	レモン、月、菜の花 うぐいす オリーブ クリーム	平和、光明、明快、活発、安全 素朴、陰鬱、猜疑 沈静、寂寞、汚濁 未熟、明快、平和
黄緑色系	黄緑 暗黄緑 草色	若葉、若草 木の葉 木の葉、草	希望、平和、青春、明快 憂鬱、沈静、絶望、苦味 憂鬱、陰気
緑色系	緑 白緑 うす緑 ふか緑	葉、草原 水、ろくしょう 若葉、若草 森林	平和、希望、安全、新鮮 希望、明快、清涼 青春、希望、平和 深遠、陰気
青緑色系	青緑 水色 うす青緑 暗青緑	深海 空、水、ガラス 海、空 海	沈静、深遠、厳粛 冷静、爽快、清涼、淡白、清浄 清浄、希望、沈静 神秘、理想、深遠
青色系	青 空白 あい色	海、空 空、水 海	希望、悠久、清澄 希望、清浄、平和、理想、清涼 深遠、沈静、希望
青紫色系	青紫 うす青紫	ききょう ききょう	高貴、気品 高貴、優雅
紫色系	紫 うす紫	すみれ 藤の花	高貴、優雅 明快、温情、女性的
赤紫色系	赤紫 うす赤紫 暗紫	牡丹 桜、コスモス ぶどう	熱烈、優美 優美、喜悦、甘美、女性的 悲哀

表5-3 イメージ語と色彩（塚田敢、「色彩の美学」より）

イメージ	色彩
高級な	金、銀、白、黒
上品な	白、黒、うすい青緑
陽気な	橙、黄、赤
にぎやかな	橙、黄、赤紫
激しい	赤、黄、橙
楽しい	黄、橙、水色
美しい	クリーム色、うすい青緑、水色
甘い	ピンク、クリーム色
あっさりした	白、カナリヤ色、水色
男性的	灰、紺、黒、暗青緑
幸福な	ピンク、クリーム色
低級な	橙、赤紫、うぐいす色
下品な	赤紫、橙
陰気な	暗灰、灰、カーキー色
さびしい	灰、青みの灰色、明るい灰
穏やかな	水色、クリーム色、うすい青
静かな	うすい青紫、明るい灰、水色
汚ない	カーキー色、暗い灰、暗い茶色
にがい	オリーブ色、暗い茶色、こい緑
くどい	赤紫、暗い赤紫、紫
女性的	ピンク、赤紫、クリーム色
不安な	灰、暗い灰、黒

色彩を選んだ例である。

5-2-3 色彩と象徴

色が象徴することは、多くの人が共通の連想をするようになれば、一般的になり、ある特定の意味を表すことになる。それは、各国で共通であることもあれば、民族的な伝統・習慣によって、全く意味が異なることもある。表5-4は、主な色が象徴する意味の範囲である。色彩の嗜好や宗教的な意味、封建制度の位階・等級などから定着したものが多いことがわかる。

交通標識・安全色彩などは、国際的にも共通する意味を持つ色彩といえる。色彩が言葉に代わる意味を持てば、サインとして、より有効な伝達記号となる。

表5-4 色彩の象徴(1970, 大井作成)

色	イギリスの紋章色	中世の教会での色彩象徴	祭日の象徴	米国の大学の学部色	コンテストの賞	月	季節	中国の方位	安全色彩
赤	勇気と熱誠	聖霊降臨	クリスマス、聖バレンタイン、母の日（健在）	（スカーレット）神学	二等	12月	冬（黒と）	南	防火・停止・禁止
橙	知力と忍耐		感謝祭・万聖節	工学		9月 10月（茶）	秋（茶と）		危険
黄	金と同意		イースター（紫と）	科学	三等	4月	夏（青と）	中央	注意
緑	青春と肥沃	王顕祭シーズン	聖パトリック 植樹祭	医学	特別賞	8月（濃）	春（ピンクと）		安全・進行・救急
青	敬意と誠実	降臨節、四旬節・クリスマス・イースターの悲哀の意もある		哲学	一等	2月（濃） 7月（空色）	夏（黄と）	東	用心
紫	王位と高位	純潔・昇天祭	イースター（黄と）	法学	全種目優勝	5月（薄） 11月			
白	銀と同意	喪と哀悼、聖金曜日の礼拝式	母の日（亡き）	芸術・文学	四等	1月		西	通路・整とん
黒	悲嘆と改悛					1月	冬（白と）	北	補助色
ピンク				音楽		6月	春（緑と）		
赤紫	犠牲								放射能
グレイ						3月			
金	名誉と忠節				三等	9月			
銀	信仰と純粋					3月			

6 色彩調和

6. 色彩調和

カラーコーディネーターにとって、色彩調和の基本を学習することは、最も重要な条件の一つである。この項では、快一不快、好き一嫌いなどの主観による判断や一時的な評価ではなく、客観的な色彩調和を得るための原理を解説することを目的とする。

色彩調和(カラーハーモニー)とは、2色または多色の配色に秩序を与えること、また、統一と変化、秩序と多様性のような反対要素を、矛盾や衝突が起こらないように調和させることである。

以下、色彩調和の原理と、それに基づく色彩調和の関係を紹介する。

6-1 自然の色の秩序

アメリカの自然科学者ルードは「現代色彩学：1879」で、色彩調和にとって重要な自然界の法則を指摘している。

『自然光のもとで観察した色の見え方には一定の法則がある。樹木の葉や草の葉は日光の当たっている部分は明るく黄みの緑に、陰では暗く青みの緑に見える。赤い花弁の日光の当たっている部分は明るく黄みの赤に、陰の部分は暗く青み(紫み)に見える。

このように隣接する色相関系の配色は、自然界の法則に合致するような関係、つまり、色相黄に近い色を明るく、遠い色の色相は暗くするような関係の配色は人間が最もなじんでいるカラーハーモニーになる』というものである。

色相ごとに固有の異なる明度をもつということは、自然界の原理であり、色彩調和にとって重要な概念である。これは、PCCSの基本的な構成原理として、重視されている点でもある。このような考え方を、色相の自然連鎖(Natural Sequence of Hues)とか、色相の自然序列(Natural Order of Hues)、色相の自然な明度比(Natural Lightness Ratios of Hues)などと呼び、この原理にそった色彩調和の方法を、「自然な調和：ナチュラルハーモニー(Natural Harmony)」という。

図6-1は、24色相の純色(vivid tone)とディープトーン(deep tone)、ライトトーン(light tone)

図6-1

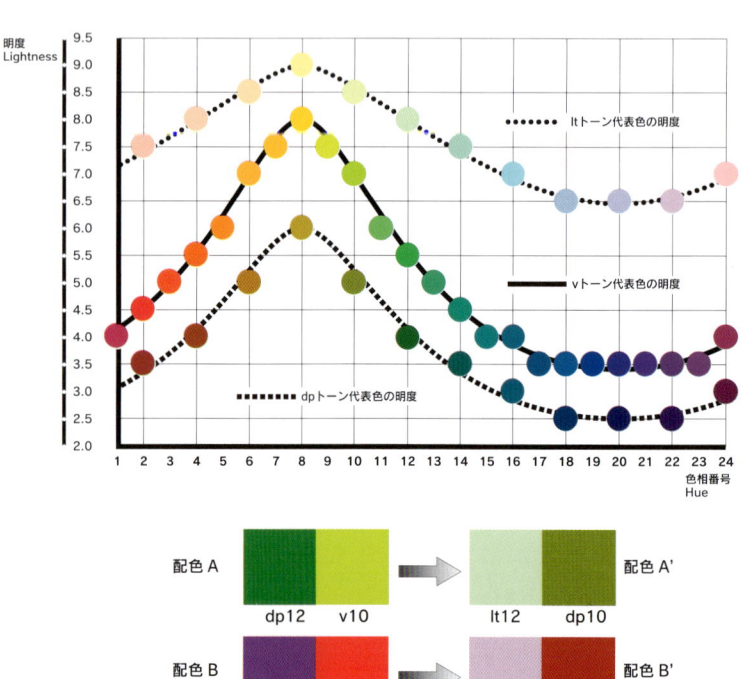

図6-2　日光の当たっている木の葉は明るく黄みに見え、陰の部分は暗く青みに見える。

の明度の変化を示したものである。ビビッドトーンでは、色相黄（8:Y）が最も明度が高く、青紫（20:V）が最も明度が低い。このような色相と明度の変化に準じた色彩調和（ナチュラルハーモニー）の例が、図6-1の配色A、Bである。

自然な色彩調和の原理にそった配色は、隣接・類似色相で、色相環の左半分の色相では、黄に近い色を明るく、青紫方向の色相は暗くすることによって、得ることができる。色相環の右半分でも同様に、黄に近い色を明るく、青紫方向の色相は暗く選色すればよい。また、ナチュラルハーモニーとは明度の関係を逆にした配色が、図6-1の配色A'、B'で、不自然な配色になる。このような配色をコンプレックスハーモニー（Complex Harmony。複合的な調和、不調和の調和）という。

6-2 色相を基準にした配色

色彩調和論の中でも色相の関係は、過去の調和論で最も多く論じられている。色相環上で幾何学的な位置関係にある色相は秩序に基づく調和が得られるとし、正三角形、正四角形、正五角形などの位置にある各色相は調和が得られると規定した説が多い。しかし、どの色相環を基準にその関係を表すかによって、得られる結果は異なる。基準となる主要色相、補色の関係、色相分割は10進法か12進法かなどの条件は、色彩調和を考える上で重視する必要がある。

PCCS24色相環を基準に色相関係を示すと、図6-3のようになる。図6-3は、色相8:Y（黄）を基準に、色相差0の同一色相配色から色相差12の補色色相配色までの関係を示した例である。色相差が小さいほどなじみやすく、その差が大きくなるにしたがって、明瞭性が高まる。色相関係は、配色を考える上で、最も基本的で重要な要素である。

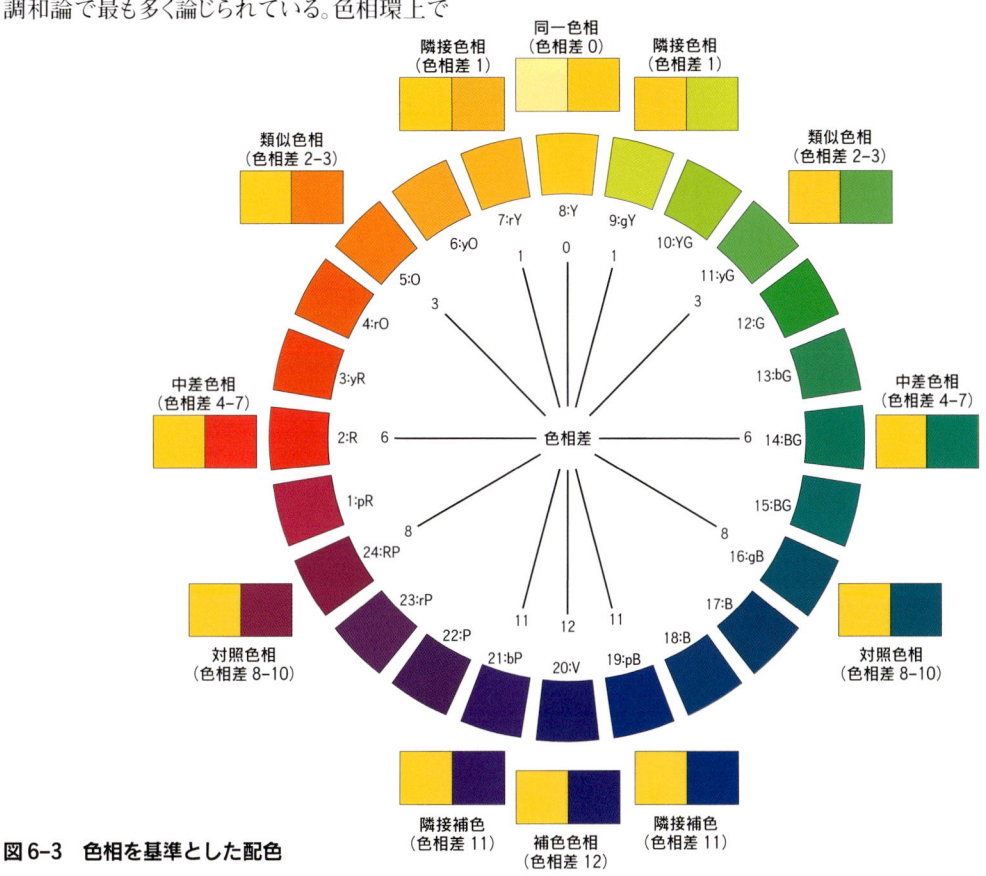

図6-3　色相を基準とした配色

6-3　明度を基準にした配色

　立体感や遠近感は、明暗の諧調によって認識することができる。暗くて色を見分けることが困難な場合でも、私たち人間は明暗の差によって、形や奥行きなどを認識することができる。また、ギリシア彫刻や静物などを木炭や鉛筆の濃淡によって表現する技術はグリザイユとかキアロスクロといわれ、美術表現の基本とされている。例えば、1個の白い球体に一方から光を当てると、光の当たったハイライトの部分は最も明るい白に、陰影の部分は徐々に明るいグ

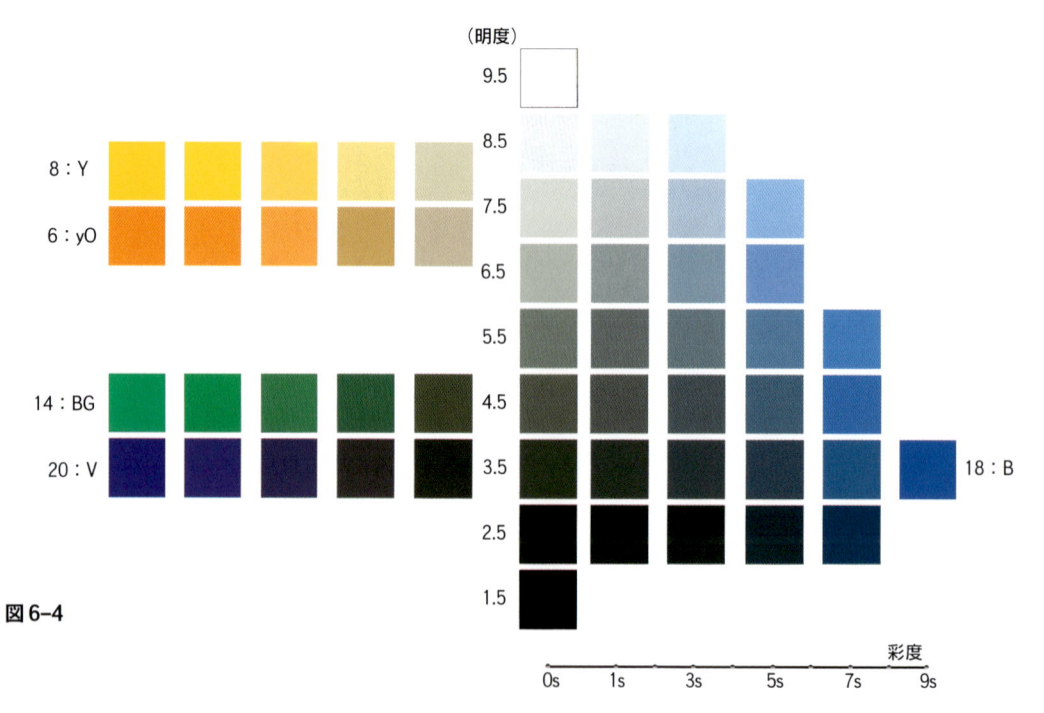

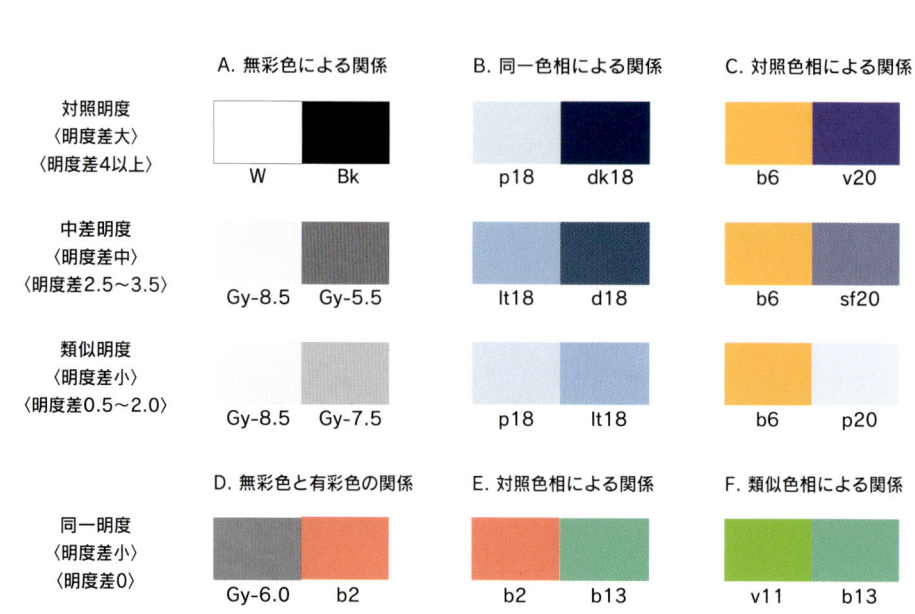

図 6-4

図 6-5　明度を基準にした配色

※「Gy-」は白・黒以外の無彩色を表す記号で、明度8.5のグレイは、「Gy-8.5」というように表す。

レイから黒へと、無彩色のグラデーションが現れる。このように、明度の関係は、形態や奥行きの認識にかかわっていると同時に、配色上もきわめて重要な要素である。

図6-4は、18:B（青）の等色相面と四つの色相の、それぞれの純色位置の等明度の彩度段階を示したものである。図6-5は、明度を基準にした配色関係を示したものである。明度差の大きな対照明度の関係では、明瞭性は高く、明度差が小さくなるにしたがってあいまいになる。このような関係を、A:無彩色による関係、B:同一色相による関係、C:対照色相による関係、D:無彩色と有彩色の関係、E・F:有彩色どうしの関係として表している。

6-4 彩度を基準にした配色

色の三属性の中で最も理解しにくいとされているのが、彩度の属性による関係である。彩度差の関係を図6-6に示す。

ふつう、2色の彩度差が同一彩度から類似、対照関係へとその差が大きくなるにしたがって、対比は強調される。また、低彩度から中彩度の範囲の配色では、彩度を統一し、適度の明度差をつけることによって、調和が得られやすい。これは、彩度（飽和度）に共通性のある配色は「なじみの原理」にかなった調和が得られやすい、という経験的に知られている考え方である（例8）。しかし、高彩度どうしで対照色相関係の配色では、対比が強まり、お互いを強調し合う関係となる（例9）。また、類似彩度の関係でも、ほぼ同様の関係となる（例6）。なお、対照彩度の関係で最も対比効果の強い関係は、無彩色との関係である（例1）。

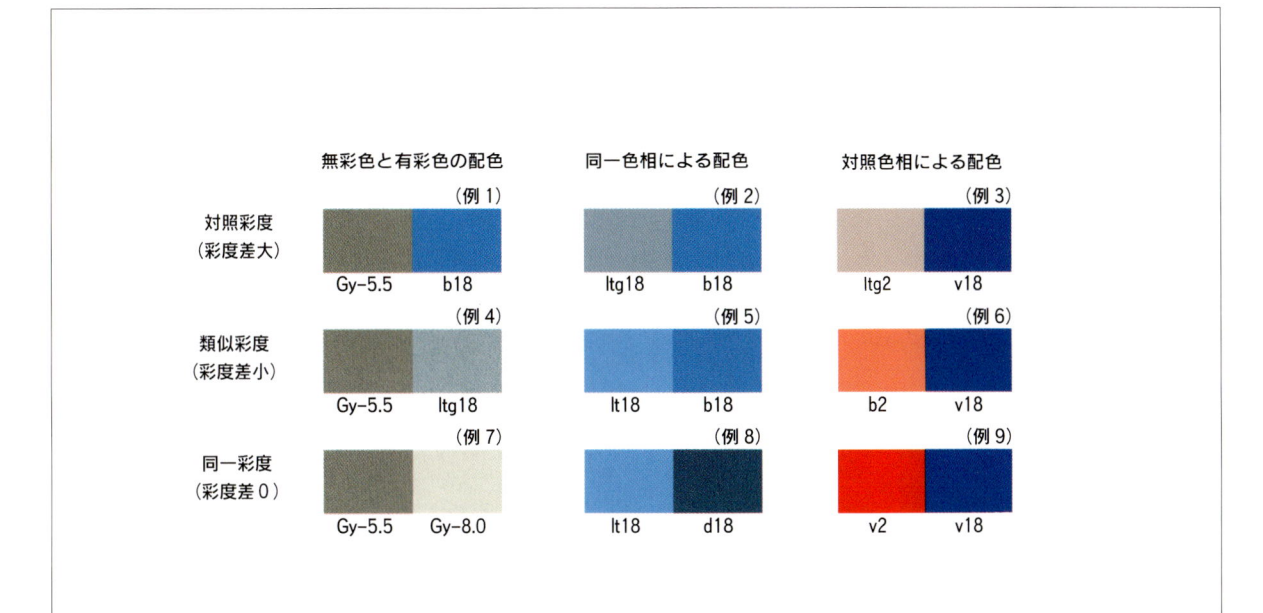

図6-6　彩度を基準にした配色

6-5 トーンを基準にした配色

PCCSのもっとも注目すべき特徴は、トーン別に各色相を分類した点にある。トーンは、明度と彩度の複合概念で、色彩調和を色相とトーンの二つの属性で計画できる。また、それぞれのトーンごとに独立したイメージがあるので、色彩調和を計画するのに便利である。トーンの関係（類似トーン、対照トーン）を図6-8,9に示す。このようなPCCSのトーンの特徴を生かして、配色の形式を分類すると以下のようになる。

色彩調和の形式
　同系の調和
　　色相の同系による調和
　　トーンの同系による調和
　類似の調和
　　色相の類似による調和
　　トーンの類似による調和
　対照の調和
　　色相の対照による調和
　　トーンの対照による調和

これらの配色の形式のなかで、トーンを基本にした配色の関係の特徴を、以下に解説する。

6-5-1 同一トーンによる色彩調和の関係

同一トーンによる配色の特徴の一つは、彩度に共通性のある関係が得られるということである。オストワルトシステムでは、純色に対する白色量や黒色量が一定の色を等価値色といい、等価値色系列（isovalents）による配色はなじみやすい色彩調和が得られる、としている。PCCSでは、異なる色相どうしで彩度の値が等しい色どうしは知覚的にあざやかさ感が一致する、という特徴がある。この特徴は、オストワルトシステムの等価値色と近い考え方であり、色彩調和を得るた

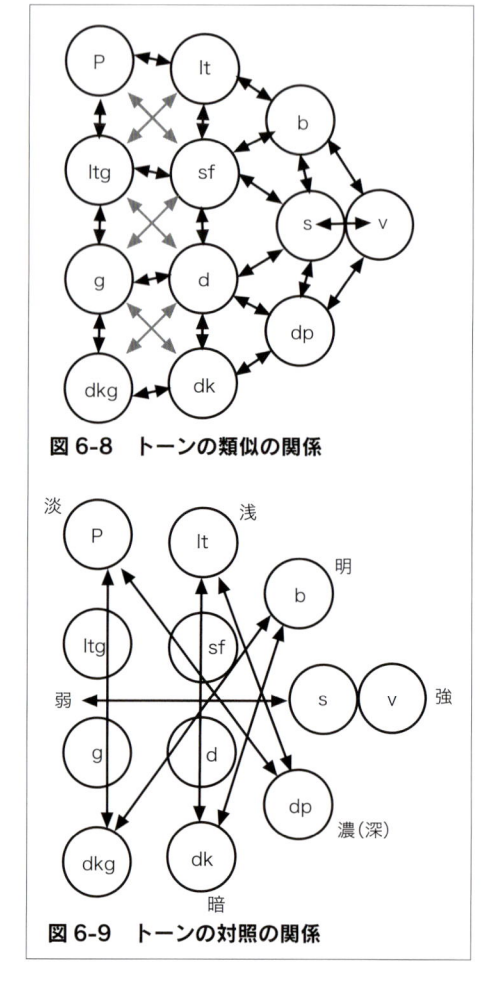

図6-7　PCCSのトーン分類

図6-8　トーンの類似の関係

図6-9　トーンの対照の関係

めの条件として、重要度は高い。しかし、マンセルシステムでは、彩度の値が同一であっても、色相が異なると知覚的なあざやかさ感が一致しないので、異なる色相の配色では、彩度記号に頼った色の選択はしにくい。ＰＣＣＳでは、トーンが同じ色は彩度も共通しているので、同一トーンの配色で彩度も同一の関係が得られる。色相とトーンの関係による配色例を図6-10に示す。

同一トーンの例では、色相が類似であれば明度は近似した関係になるが、対照色相で高彩度のトーン（v、b、s、dp）の場合は、明度差が強調される。

6-5-2　類似トーンによる色彩調和の関係

類似トーンの関係は、図6-8の隣り合うトーンの関係である。しかし、基本的には縦方向と横方向の類似関係から、配色を考えるとよい。縦の類似トーン配色は、彩度が共通で明度にやや差の生じる配色となる。横の類似トーン配色は、明清色（tint）または暗清色（shade）に属するトーンから、隣り合うトーンの関係を考えると、調和が得られやすい。

6-5-3　対照トーンによる色彩調和の関係

対照トーンの関係では、図6-9で示すように、明度差を最も強調した関係、彩度差を強調した関係、それに明度も彩度も対照的な関係、の三つの関係が考えられる。いずれも、対比効果が強調された関係が特徴である。

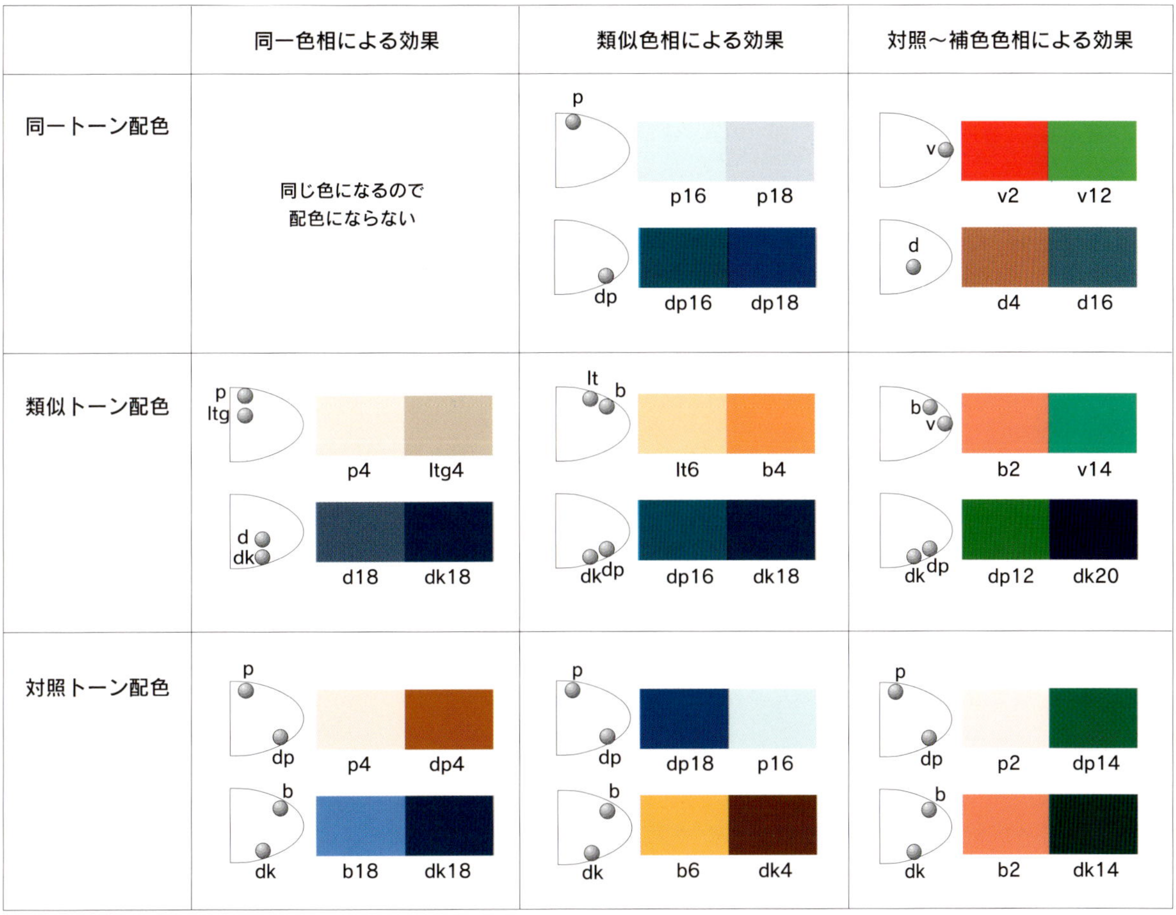

図 6-10　トーンを基準にした配色

6-6 配色技法1

6-6-1 ベースカラーとドミナントカラー
Base Color & Dominant Color

1) ベースカラー（基調色）

色彩調和を考える場合、まず第一に、表現したいイメージの中心となる色を選ぶ。配色全体の土台（基調）となる色、例えばインテリアやファッション・テキスタイルなどの配色で、そのイメージの中心となり、最も大きな面積を占める背景色（地色）をベースカラー（基調色）という。次いで、アソートカラー（配合色）やアクセントカラーによって、配色全体のイメージを発展させていく。

例えば、ベースカラーを白、アソートカラーを黒と灰色にしてモダンなイメージのインテリアに（配色1）、暗めのブラウンをベースカラーに、アソートカラーに同系色の中彩度のブラウンと灰みのベージュを用いてクラシックな落ち着いた雰囲気に（配色2）。また、ファッションのカラーコーディネートを考えた場合、スーツやドレスのように大きな面積の色をベースカラー、ブラウスやアクセサリーの色をアソートカラーやアクセントカラーとして小面積加えていく、というような方法も考えられる。

2) ドミナントカラー（主調色）

ドミナントとは、「支配的な」とか「優勢な」という意味で、ドミナントカラーとは、色や形・質感などに共通な条件を調えることで全体に統一感を与える原理である。特に多色配色で、統一感やなじみ感をつくり出す上で重要な基本原理である。例えば、夕焼けの風景はオレンジ色の光に全体がおおわれているため全体にオレンジがかって見え、靄のかかった冬景色などは全体に灰みがかって見える。このような効果を、ドミナント効果という。ここでは、色相によるドミナントと、トーンによるドミナントに分けて述べる。

ベースカラーとアソートカラー

（配色1）
Bk / mGy / W

（配色2）
d4 / ltg4 / dk4

色相によるドミナント

（配色3）
dp2 / b2 / v2 / dk2

（配色4）
dp14 / b14 / dk14 / v14

トーンによるドミナント

（配色5）
lt18 / lt8 / lt12 / lt2

（配色6）
dp6 / dp14 / dp2 / dp20

（配色7）
v20 / v8 / v14 / v2

◎ドミナントカラー配色（色相ドミナント）
……多色配色に統一感を与えるために、赤み・青み・黄みなど、一つの支配的な色相に全体を整える方法である。PCCS24色相分割を基準に計画する場合、色相差0の同一色相、つまり色立体の等色相面から選色するのが基本だが、色相差2の類似色相の範囲まで、やや幅をもたせてもよい。

◎ドミナントトーン配色（トーンのドミナント）
……ドミナントカラー配色と同様、多色配色に統一感を与えるため、配色全体のトーンを統一することによって、イメージに共通性を与える方法である。この技法では、明るく軽いイメージにはp・lt、濃く暗いイメージにはdp・dk、明るくあざやかなイメージにはv・bというように、イメージにマッチしたトーンを一つ選択すれば、色相は自由に配色することができる。つまり、同一トーンで、色相は自由な関係を原則とした配色である。

6-6-2　セパレーション効果による配色
Separation Color

セパレーションとは、「分離させる」とか「引き離す」という意味。2色または多色の配色で、その関係があいまいであったり対比が強すぎたりした場合に、接し合う色と色との間に、セパレーションカラー（分離色）を1色挿入することで調和をはかる技法である。

例えば、中差色相配色（配色2-1）や色相もトーンも近似した配色の場合（配色3-1）、ぼんやりしてあいまいな印象を与える。このとき、接し合う2色の間にセパレーションカラーを1色挿入することで、明快感を与えることができる。

また、色相やトーンの差が大きなコントラスト配色の場合（特に高彩度色で視覚的に刺激の強過ぎる配色）、その関係を弱めて調和をはかるために、セパレーションカラーを用いる。セパレーションカラーは、主に無彩色を用いるが、金属色（メタリックカラー）を用いる場合もある。キリスト教会のステンドグラスには、古くからこの技法が用いられている。色ガラスと色ガラスが接している部分に金属（鉛など）をはめ込んで、絵柄全体にメリハリ（明快な、はっきりした）をつける効果をあげている。この技法は、建築や絵画、グラフィックデザインやテキスタイルデザインなどで使用される例が多い。その他、ファッションやメイキャップ、およびタイルの配色や商品ディスプレーの棚割りなど、使用することの多い配色技法である。

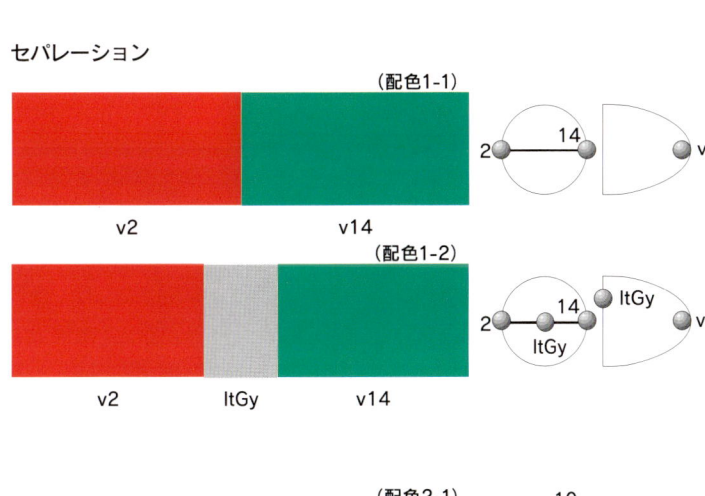

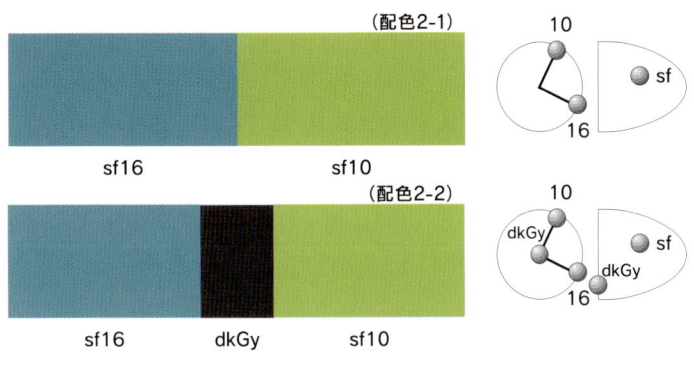

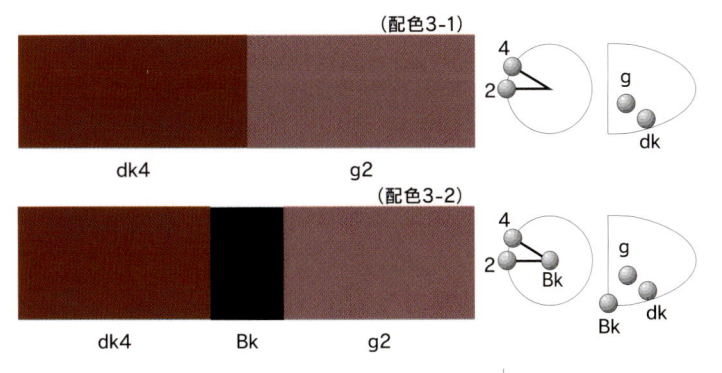

セパレーション

6-6-3 アクセント効果による配色
Accent Color

アクセントとは、「強調する」とか「引き立たせる」、「目立たせる」などの意味がある。配色では、単調な配色に対照的な色を少量加えることで配色に焦点を与え、全体の調子を引き立てるために用いる技法である。

セパレーションカラーがドミナントカラーを引き立てるための脇役として主に無彩色を用いるのに対して、アクセントカラーは、ドミナントカラーと対照的な色相やトーン（明度・彩度）を用いることで、強調するポイント（注目点、焦点）を与える点に特徴がある。

例えば、全体が暗いトーンで目立たない配色の場合、明度の対照的な高明度色を少量加えると、配色に緊張感とポイントを与えることができる（配色3-1、-2）。また、これとは逆に、明るいトーン（p・lt・b）の配色に対しては、暗めのトーン（dp・dk・dなど）からアクセントカラーを選色してもよい（配色2-1、-2）。

無彩色（白・灰・黒）や低彩度のグレイッシュトーンなどに対しては高彩度色（主にv・b・s・dp）を（配色4-1、-2）、また、基調となる色相に対して対照関係の色相を、アクセントカラーに用いることも有効である（配色1-1、-2）。

ふつう、アクセントカラーはビビッドな赤や黄・橙などの高彩度色の暖色系をイメージしがちだが、アクセントカラーとしての目立ちやすさは背景色との関係で決まる（P36〜42 色の働き＝色の見えの効果）。基調色に対する効果を考え、選色することが大切である。

6-6-4 グラデーション効果による配色
Gradation Color

グラデーションとは、「徐々に変化すること」とか「段階的変化」という意味。また、色彩・色調のぼかしとか濃淡法という意味もある。色彩の諧調のある配列によって視覚的な誘目感を与えることをグラデーション効果といい、3色以上の多色配色でこのような効果の

現れた配色をグラデーション配色という。

「P48　自然の色の秩序」で解説した通り、色相の自然の配列（虹の色の配列・色相環の配列）の中に、その特徴を見ることができる。つまり、色相の自然な移行と明暗の諧調の変化は、グラデーション効果（配色）の典型といえる。グラデーション配色を色の属性別にとらえると、以下の4通りとなる。

1－色相のグラデーション
2－明度のグラデーション
3－彩度のグラデーション
4－トーンのグラデーション

　配色1は色相のグラデーション例で24色相環上で1〜3程度の色相差の関係で計画するとよい。また高彩度のトーンほど効果は得られやすく、低彩度のトーンではその効果は表現しにくくなる。

　配色2は明度のグラデーション例。無彩色による例と有彩色による表現が考えられる。

　配色3は彩度のグラデーション例。低彩度から高彩度への段階的な差によって表現できる。

　配色4はトーンのグラデーション例。トーン分類図を参考に類似トーンの関係を連続して選色することによってトーンのグラデーションは表現できる。

6-6-5　レペティション効果による配色
Repetition

　レペティションとは、リピート（Repeat、繰り返す）の名詞形で、「繰り返し、反復」の意味である。この技法は、2色以上を用い、統一感の欠けた配色に、一定の秩序に基づく調和を与えるための方法である。

　例1は、3色の配色を一つのユニット（単位）とし、それを繰り返し反復することで、調和の効果をあげている。このような配色技法を、レペティションという。タイルの配色やチェックの柄や配色などに、具体例を見ることができる。

　なおレピテーションと呼称する場合もある。

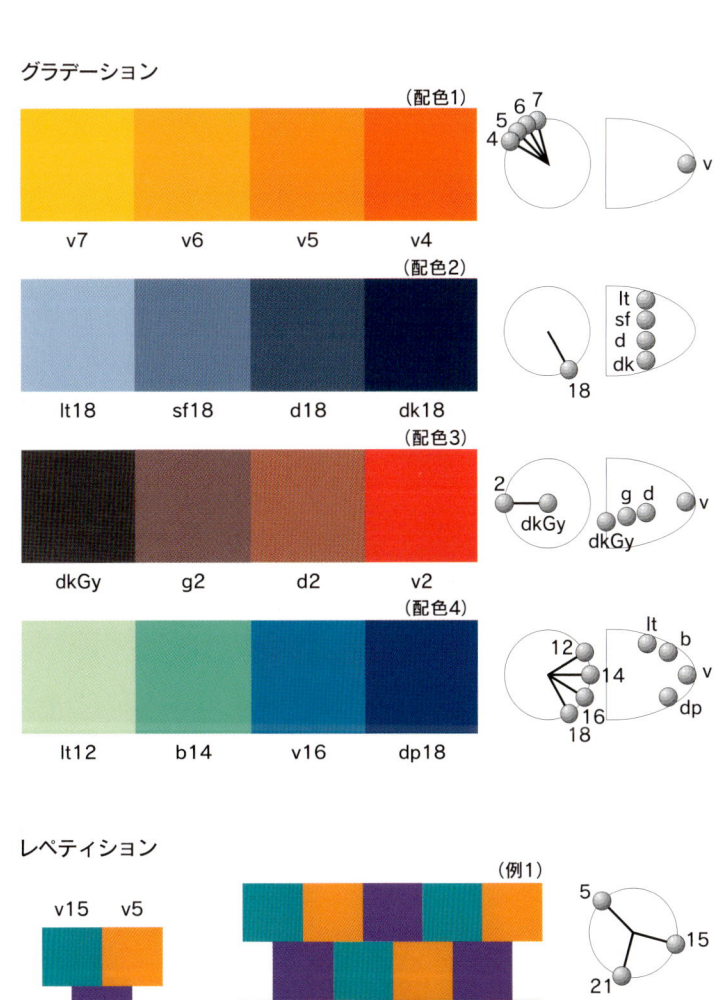

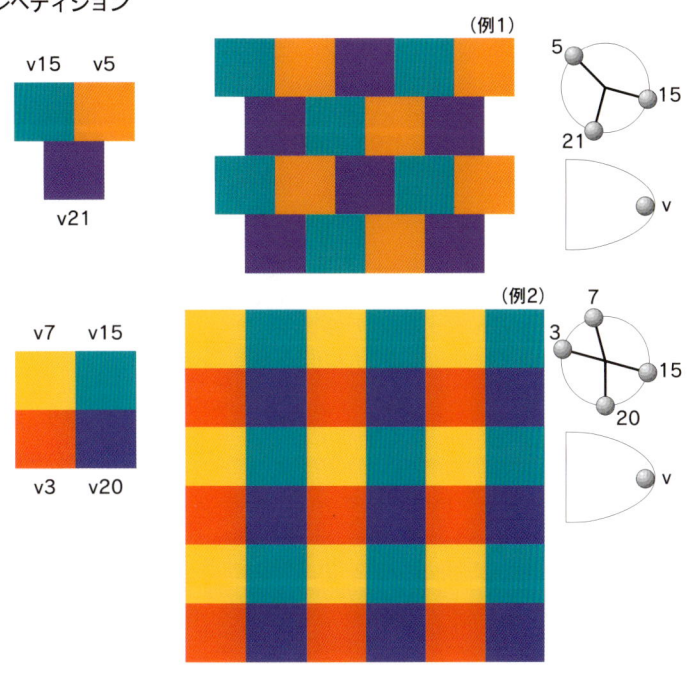

トーンオントーン配色

（配色1）
b16　　dp18

（配色2）
dp4　　b4

（配色3）
p16　　sf16　　d16

（配色4）
p4　　ltg2　　g24

トーンイントーン配色

（配色5）
p4　　lt2

（配色6）
lt12　　sf14

（配色7）
sf14　　sf16　　d16

（配色8）
g12　　g18　　g22

6-7　配色技法2

　伝統的、習慣的（主に西欧）に受け入れられている配色、例えば国旗の配色や伝統的な工芸品・装飾品・織物、民俗衣装、冠婚葬祭やキリスト教の典礼の色彩などは、一般になじみのある色彩表現である。これらに表現される配色は、必ずしも色彩調和論にかなった配色ではない。

　ここでは、このような配色の中から、比較的表現法が整理され、慣用的に用いられている配色表現法を紹介する。

6-7-1　トーンオントーン配色
Tone on Tone

　トーンオントーンとは「トーンを重ねる」という意味で、その基本は、同一色相で二つのトーンの明度差を比較的大きくとった配色である。ふつう、同系色の濃淡配色といわれる配色で、明るいベージュ＋暗いブラウン、明るい水色＋紺色などはその典型例である。このように同一色相でトーン差（特に明度差）を強調した事例は、私たちの身の回りの自然の中に数多く見ることができる。

　例えば、同一色の物体の光の当った部分と陰の部分の配色を観察することで、その特徴を確認できる。また、3色以上の多色使いで同系色の濃淡配色も、トーンオントーン配色という。

　トーンは、次の関係から選択すると調和しやすいので、参考にするとよい。

　a　彩度を統一した関係
　　p = ltg = g = dkg, lt = sf = d = dk, b = dp
　b　明清色の関係
　　p = lt = b = v
　c　暗清色の関係
　　v = dp = dk = dkg

　なお、色相は同一・隣接・類似の範囲で選択し、トーンの選択は特に明度差に留意し、類似トーン～対照トーンの範囲で選択するとよい。

　多色配色によるトーンオントーン配色は、結果として明度のグラデーション配色となり、絵画技法のキアロスクロやグリザイユ（無彩色によ

る濃淡表現）と同類である。

6-7-2　トーンイントーン配色
Tone in Tone

　トーンイントーン配色は、近似したトーンの組み合わせによる配色技法で、色相はトーンオントーン配色と同様、同一色相を原則とし、隣接または類似色相の範囲内で選択する。

　しかし、最近のヨーロッパやアメリカのファッション情報誌では、トーンは統一するが色相については制約のない、比較的自由に選択した配色に対しても、トーンイントーン配色と呼称することがある。したがって、ここでは、トーン差の近似した（特に明度差の近い）配色全般をトーンイントーン配色と定義する。

　後に解説するカマイユやフォカマイユ、トーナル配色などは、トーンイントーン配色の同類と解釈できる。

　なお、明るい色は黄みを、暗い色は青み（または青紫み）を選色すると、ナチュラルハーモニーにかなっているので、自然な色彩調和を表現しやすい。また、高彩度域のトーン（v、b、s、dp）では、同一トーンでも、色相の取り方によっては明度差が強調されることがある。

6-7-3　トーナル配色　Tonal

　トーナル配色は、ドミナントトーン配色やトーンイントーン配色と同類である。特に、基本とするトーンに中明度・中彩度の中間色系のダルトーンを用いた配色技法を、トーナル配色という。

　高彩度域のトーンを基調にした配色が強いイメージを与えるのに対して、ダルトーンを中心としたトーナル配色は、控えめで地味な印象を与える点に特徴がある。

　使用するトーンは、ダルトーンを基本に、中彩度～低彩度域の比較的色みの弱いトーン（sf、ltg、g）が中心となる。したがって、このように比較的彩度の低い色を基調にした配色では、個々の色のイメージよりも、配色全体を支配するトーンによって、イメージは特徴づけられる。

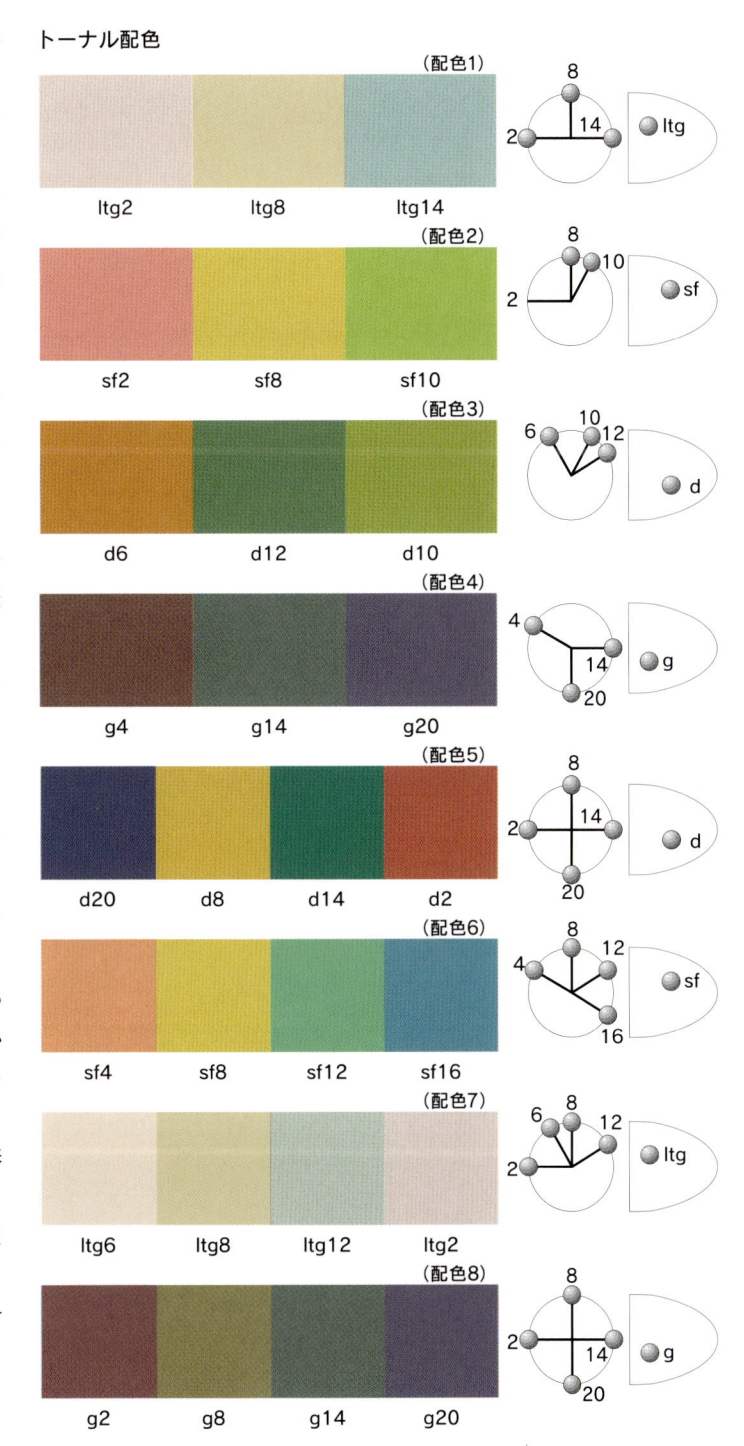

トーナル配色

（配色1）ltg2　ltg8　ltg14
（配色2）sf2　sf8　sf10
（配色3）d6　d12　d10
（配色4）g4　g14　g20
（配色5）d20　d8　d14　d2
（配色6）sf4　sf8　sf12　sf16
（配色7）ltg6　ltg8　ltg12　ltg2
（配色8）g2　g8　g14　g20

6-7-4 カマイユ配色　Camaïeu
　　　　フォカマイユ配色　Faux Camaïeu

　単色画法のことを、カマイユ (camaïeu) 画法という。カマイユ配色とは、ほとんど同一色に近い色を用いた、一見、1色に見えるほど微妙な色の差の配色をいう。

　色相差もトーン差もほぼ近似した、ぼんやりしたあいまいな配色技法で、トーンイントーン配色と同類である。貝がら細工のカメオの切断面が、カマイユ配色の特徴を表している。

　一方、フォカマイユ配色のフォ (faux) とは、「まがいもの」とか「偽りの」という意味で、カマイユ配色の色相がほぼ同一色相であるのに対して、色相とトーンにやや変化をつけた (調子をはずした) 配色である。

　しかし、伝統的なファッション (あるいはモード) の世界では、次のような解釈もある。つまり、トーン差や色相差が少なく、おだやかな調和感のある配色を総称してフォカマイユ配色といい、また、異素材を組み合わせることで生じる微妙な色の効果 (配色) をいうこともある。テキスタイルで、カマイユブルービオレ (camaïeu blue-violet) といえばブルーとバイオレット (青紫) の濃淡で模様を表した配色をいう。また、多色を使いながらも、「単色画のように見せた絵画」をいう場合もある。このように、ジャンルによって解釈と表現法は異なる。

　したがって、二つの配色技法の厳密な差を問題とすることはまれで、ほぼ同類とみなして呼称される場合が多い。

カマイユ配色

(配色1) p2 / lt2
(配色2) p6 / ltg6
(配色3) p14 / lt14
(配色4) lt20 / ltg20

フォカマイユ配色

(配色5) p6 / ltg4
(配色6) lt2 / b4
(配色7) p10 / ltg12
(配色8) p18 / lt20

6-7-5 トリコロール配色、ビコロール配色

1) トリコロール配色　Tricolore

トリ（tri）とはフランス語で三つという意味で、コロール（colore）とは色をさす。したがって、3色配色をトリコロール配色という。フランス国旗に見られる赤・白・青の3色配色が代表的である。また、3色配色をトリプルカラーワーク（Triple color work）という場合もある。

これらの色づかいは、メリハリのある表現に特徴がある。フランス国旗の他、イタリア国旗の赤・白・緑、ドイツ国旗の黒・赤・黄など、諸国旗に、明快な3色づかいの配色が見られる。

このように、トリコロール配色（トリプルカラーワーク）の技法による表現は、3色の色相やトーンの組み合わせに明快なコントラストが表現される点に特徴がある。

2) ビコロール配色　Bicolore

ビコロール（bicolore）とは、フランス語で「2色の」という意味で、英語のバイカラー（Bicolor）も同様の意味である。

ビコロール配色（バイカラー配色）は、テキスタイルの配色ではポピュラーな配色表現である。例えば、素材の地色をベースに1色を柄色としてプリントしたものなどを、一般に「ビコルール」とか「バイコロール」などと呼称する。また、トリコロール配色と同様、国旗に見られる2色の配色も、ビコロール配色という（赤と白、茶色と白、青と白など）。

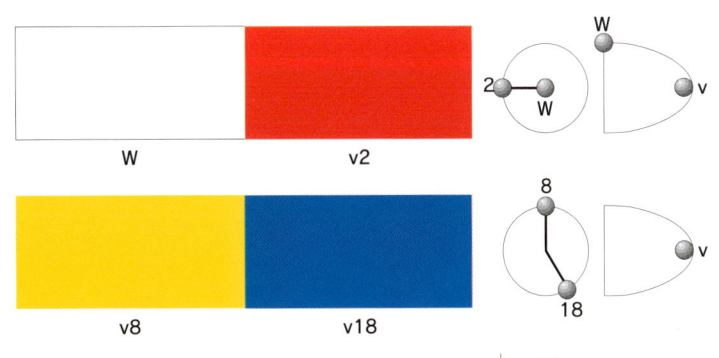

6-8 イメージと配色

　単色の色のイメージが、多色で用いる場合にも通用するイメージ群がある。暖かい感じの色を2、3色組み合わせた配色は暖かい感じになる。同様に、冷たい感じも、主に色相でその感情効果が決まってくる。暖かい感じの色（暖色系）としては赤・橙・黄など、冷たい感じの色（寒色系）は青緑・青・青紫などである。

　また、用いる色の明度が、配色のイメージを決定する主な要素となる場合もある。高明度グループの配色は、軽い感じや柔らかい感じになる。この種のトーンには、p・lt・白などがある。重い感じや硬い感じになるのは、dkやdkgなどの明度の低いグループである。

　彩度が主な要素となる強い・派手などのイメージになるトーンは高彩度グループのvやbなど、弱い・地味などには低彩度のトーンのgやltgなどがある。

　イメージを描くとき、特定のイメージを呼び起こす色を感覚的に組み合わせることで配色に結びつけるのも、一つの方法である。興奮ー鎮静、澄んだー濁った、上品ー下品、古典的ー近代的、異国風、粋な、自然な、活動的、幻覚的（サイケ）、民族的などの感情的な用語は、用語の受けとめ方に個人的な差はあるが、色によって共通なイメージを持つことが根拠づけられている(p43〜47　色のイメージ、連想)からである。ただし、好きー嫌い、美しいー醜いなど、個人差のあるイメージもある。また、柔らかい配色をしたつもりが軽い感じと受けとられる場合もでてくるが、これは明度の高い色に対する共通のイメージに、柔らかいと同時に軽いというイメージがあるからである。

　また、これらのイメージを総合して、春夏秋冬などの季節を色で表し、形をプラスすることで、より強調してその季節を感じさせる。そんな感情効果をもつ配色を、色のイメージを使って行うことも、よい方法である。色相・明度・彩度で色を選ぶだけでなく、身近な感じ方で色を選ぶことは、生きた配色法といえよう。

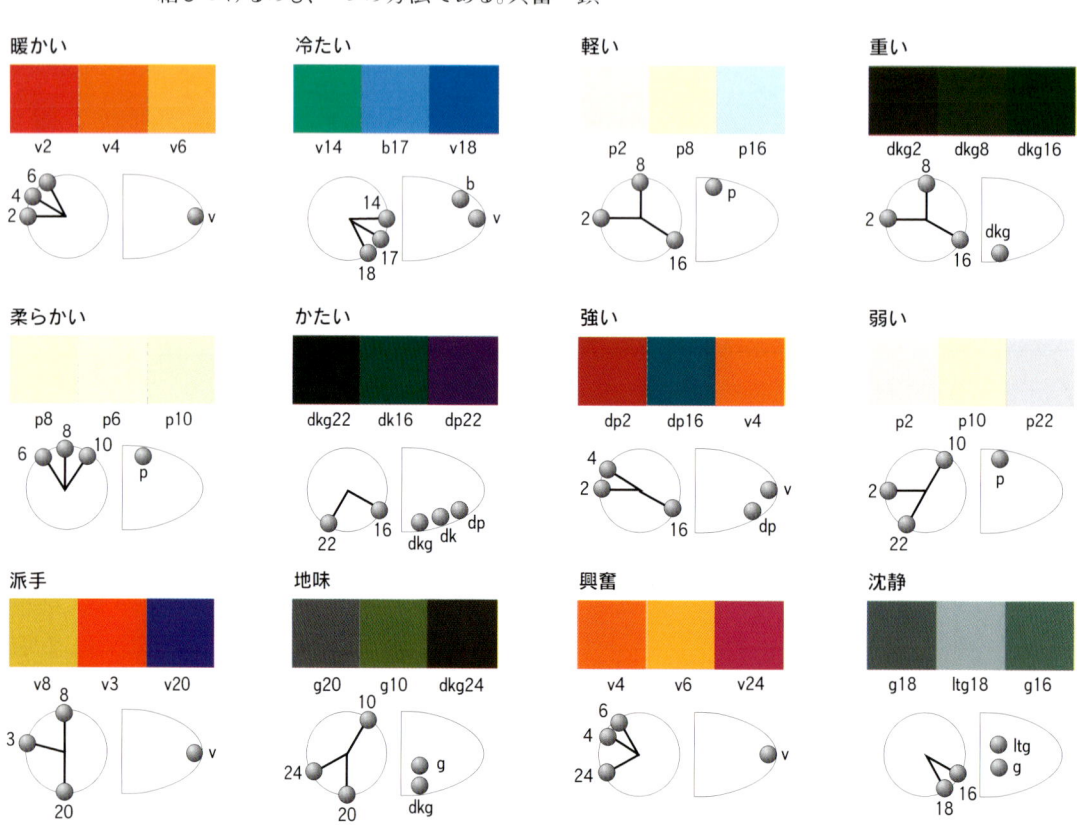

春 桜の咲く頃

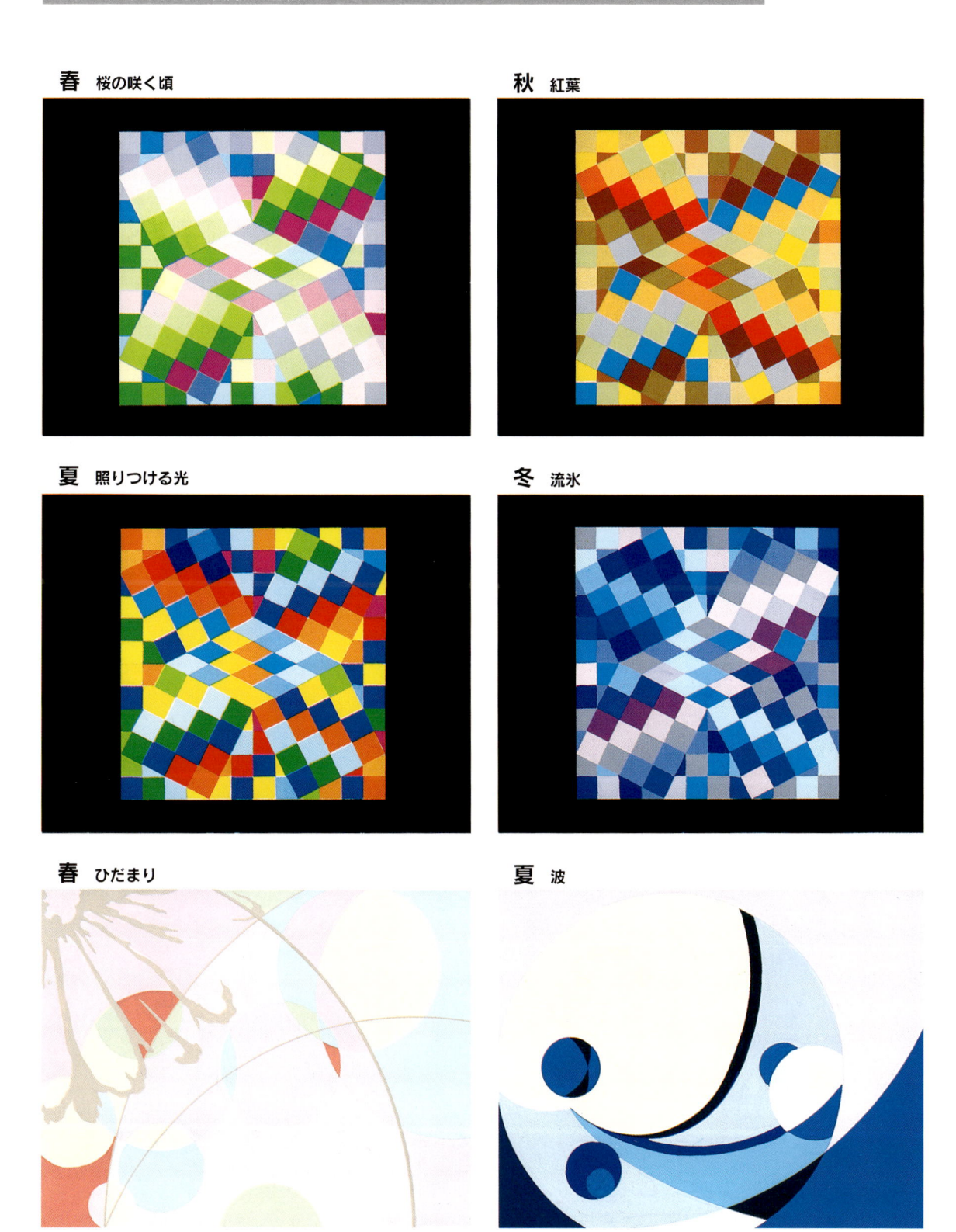

秋 紅葉

夏 照りつける光

冬 流氷

春 ひだまり

夏 波

図6-11 四季のイメージによる配色

作品制作：浅井 智子（上4例）
廣末かおり（下2例）

7 色彩調和論

7．色彩調和論

　古くて新しいテーマとして、カラーハーモニー、つまり色彩調和への関心が高まってきた。調和論は、いうまでもなく古代ギリシアに始まり、近代までさまざまな説が唱えられている。

　古代ギリシアでは、宇宙は規則的な法則が支配していて、数学的または幾何学的な比例によって成り立っている。したがって、宇宙は調和していると考えられていた。

　また、中世以降の西欧社会では、キリスト教の観念が幅広く影響を及ぼしている。旧約聖書の創世記に、『初めに、神は天地を創造し、次に混沌と闇の地に光をつくった。』とある。神が創造した光とは何かという疑問が起こり、造物主である神が創った自然の摂理・法則を解明していくことは神に近づく方法であると考えられていた。

　このような西欧のキリスト教と、遠くギリシア哲学の伝統的な影響を受け継ぎながら、色彩調和の考え方も論じられてきたと考えられる。これらの調和概念は、個人の主観に伴う「快―不快」や「好き―嫌い」などの判断は除外し、物事を客観的にとらえ、普遍的原理を導き出そうとする西欧的な合理精神を合わせ持っていることが、特徴である。

　ルネッサンス期には、ダ=ビンチらによって色彩調和が論じられ、その後17世紀前後にはニュートンを筆頭に、色彩の科学的研究がさかんになった。

　ゲーテは「色彩学のために：1810」を著し、歴史編では古代〜18世紀までの色彩論の系譜を評論しつつ、紹介している。また、ゲーテは、科学的な興味だけでなく、人間の感情と色彩とのかかわりについても、強い興味を示している。

　19世紀には、フランスの化学者でゴブラン織製作所長のシュブルールによる、「色の調和と対比の法則」が著された。

　ルードは、「モダンクロマティックス：現代色彩学」で、「色相の自然連鎖：Natural Sequence of Hues」について指摘し、この秩序に基づいた配色を「ナチュラルハーモニー」と名付けた。また、細い線や小さな点が並置されたものを、一定以上離れた距離で眺めると、中間の色に混色して見えることを指摘している。

　これらの色彩理論は、当時の印象派の画家（モネ、ルノアール、ピサロ、シスレーなど）や新印象派の画家（スーラ、シニャックなど）の点描画法に、大きな影響を与えた。

　さて、これらの色彩調和論の特徴を大まかに分類すると、以下の二つに大別できる。

数学的比例や幾何学的な関係でとらえた調和論

　この説はピタゴラスの「和音」の発見に由来する。ピタゴラスは、『二つ以上の楽音が同時に発生するとき、あるいは分散して発生するとき、ある音どうしは互いに調和し合い、ある音どうしは調和しない。しかも、この判断が万人に共通するものだということは、わたしたちの魂そのものが、その本性において、和音に反応するものだと理解することなしには不可能だろう。目に見えないという点で音と魂は共通するが、そこには第三の客観的実在としての共通項は「形と数」である』とし、それを一定の整数比に関連づけた。アリストテレスも、この説の継承者といえよう。

　ニュートンがスペクトルを七つの音階に見立てて分割したように、色彩調和にも数学的な比例関係があるとする考え方である。つまり、複数の色が調和した関係であるためには、視覚的に均衡する要因として、数学的な比例または幾何学的な関係が介在するという説である。

混色による色彩調和論

　ラムフォード（1797）は、その調和論で、『視覚的均衡の結果として色彩調和は得られる。その根拠としては、混色の結果、無彩色になるような2色の関係は、完全に調和する』とした。

　このように、混色を色彩調和の根拠、または手がかりとした説には、ゲーテの「反対色説」やシュブルールの「色の調和と対比の法則：1835」があげられる。また、今世紀にはオストワルトが、色彩体系と調和論で、混色による均衡を調和の根拠としている。

7-1　ルードの色彩調和論

(O.N.Rood：1831-1902)アメリカの自然科学者

　19世紀末、当時の最先端の色彩理論として注目された「モダンクロマティックス(現代色彩学)：1879」で、光学的理論、混色理論、補色や色覚理論などについて論じている。特に、自然の観察の中から導き出した「自然の色の見えの効果」の原理は、現在の色彩調和論にとって重要な原理の一つとされている。
　その主な論点は、以下のようである。
◎色相の自然連鎖　要点は「P48　自然の色の秩序」参照。
◎中間混色(並置混色)　色相差の小さい関係の点や線が並置された集合を、一定の離れた距離で眺めると、それらの点や線の色は混色されて、中間の色に見えることを指摘。

7-2　シュブルールの色彩調和論

(M.E.Chevreul：1786-1889)フランスの化学者

　シュブルールは、ゴブラン織の製作所で染色や織物の研究を行う中で、色彩調和に関係するいくつかの重要な発見をし、「色の調和と対比の法則」を著した。当時の画家たちに大きな影響を与えるだけでなく、その後の色彩調和の研究に大きな影響を与えた。その主な論点は、以下のようである。
◎同時対比の原理の発見　『タペストリー織の技術は混色の原理と同じ対比の原理に基づく』、『個々の色が見分けられなくなったときに混色し、一つの色となる』。例えば、織物の縦糸と横糸の一方に青い糸を、一方に白い糸を用いた場合、同時対比の結果として、青だけでなく、青の補色の黄が見える。つまり、有彩色は1色だけのはずなのに、青と黄の2色使いに見えるという同時対比の原理を発見。
　また、細かい配色(織物の縦糸・横糸の配色)は近くで見分けることはできても、一定以上の距離を離れて見ると並置混色し、1色に見えることを指摘。
◎ドミナントカラー　『うすめの色ガラスを透かして世界を見るときのように、全体的に一つの主調とした色の配色は調和する』という、ドミナントカラーの考え方を提示。
◎セパレーションカラー　『黒は色の輪郭として理想的である』、『2色が不調和のときその間に白または黒を加えると調和が得られる』ことを主張。
◎補色配色の調和　『2色の対比的な調和は対立色相によって得られる』と、補色配色の調和を指摘。
　また、色料の三原色(マゼンタ・シアン・イエロー)のいずれか2色の配色は、中間の配色よりも調和するとしている。

　このように、色彩調和論が本格的に研究されるようになったのは19世紀以降で、特に今世紀に入って、マンセルやオストワルトによって表色系(体系的な色見本)として実際に表されてからといえるだろう。しかし、世界各地の文化や伝統はそれぞれ独自の個性があり、多様な表現形式が存在する。また、現在の先進社会においては、複雑で多様な色彩表現が多数共存している。したがって、現実の社会生活に対する有効な手段として、色彩調和論に多くを期待することはできない。

7-3　ジャッドの色彩調和に関する見解

(D.B.Judd：1900-1972)アメリカの色彩学者

　ジャッドは、1955年、ISCCのニューズレターに発表した論文で、『色彩調和は好き嫌いの問題であり、情緒反応は人によって異なり、また、同一人でもときによって異なる。われわれは、古い配合にあきて、どんな変化も好ましく思うことがよくある。また一方、もともと無関心であった色の配合を、たびたび見ているうちに、好ましく思うこともある。』としながら、先人たちの研究を次の四つの要素にまとめた。
◎秩序の原理　規則的に選ばれた色は調和する。
◎なじみの原理　自然界のように、人々によく知られた色は調和する。
◎類似性の原理　どんな色も、共通性があれば調和する。

◎**明瞭性の原理** 数色の関係があいまいでなく、明快であれば調和する。

また、『色彩調和は非常に複雑な問題である。しかし、産業のある部門にとっては、色彩計測の全真理よりも、色彩調和の半分の真理の方がいっそう興味があろう。というのは、色彩調和は、他の色彩管理のすべてよりも、商品が売れるかどうかには、はるかに関係することがあるからである。』とも指摘している。

7-4　ビレンの色彩調和論（説）

(Faber Birren:1900-1988)アメリカのカラーコンサルタント

ビレンは、色彩に関するあらゆる分野の知識に精通し、1940年代から1970年代にかけて活躍したカラーコンサルタントである。彼は、単なる理論家という範疇ではなく、製品の色彩、ビジネス（マーケティングリサーチ、情報、プランニングなど）の色彩、環境の色彩など、現在主流となっている色彩の応用分野の傑出した理論家、実践家である。

ビレンは、独自の色彩体系に基づいて、色彩調和を論じている。図7-1はBirren Color Triangleといわれる概念図である。色彩の美的効果を表すには最低七つの用語、つまり、トーン・白・黒・灰色・純色・ティント・シェードが必要であるとする。現在のPCCSのヒュー=トーンシステムのルーツともいえる発想である。

オストワルトシステムとの相違は、明度の自然連鎖の法則をとり入れている点である。また、色相を暖色系と寒色系に二分したとらえ方をした。従来の暖色-寒色のとらえ方ではなく、図7-2のように、五つの色相を基本に、それぞれに暖・寒の微妙な違いを区別する方法である。例えば、赤も、黄方向の赤はウォームレッド(warm red)、紫方向はクールレッド(cool red)と表現した。この発想は、新しい「なじみの原理」といえる。

しかし、ビレンにとって、このような調和論は究極的なテーマではなく、むしろ現実に対応するためのアプローチの一つと考えていた。

ビレンのウォームカラーとクールカラー説を、仮にPCCS24色相環上で表わすと、図7-2のような関係になる。左の色相環では、最も暖かい色は赤(2:R)と黄(8:Y)の中間の橙(5:O)で、どの色相も矢印方向によった色相はウォーム感(暖かみ)がある。右の色相環では、最も冷たい色は青(17:B,18:B)で、青の方向によると、どの色相もクール感(冷たさ)を感じることを示している。

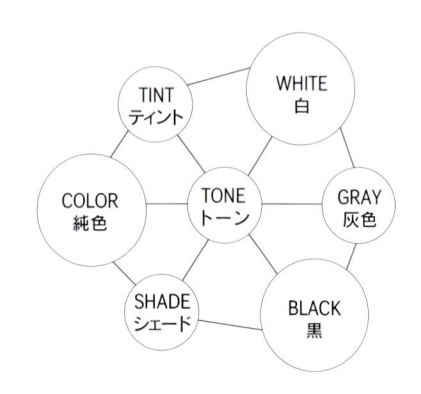

図7-1　ある色相断面の7つの基本用語の関係

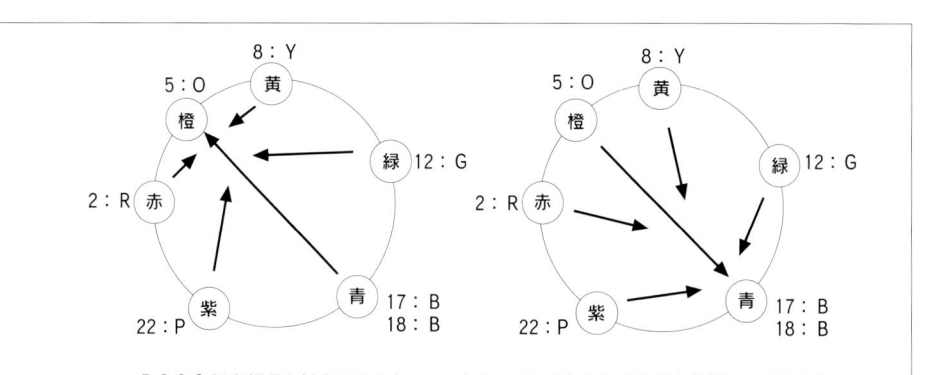

図7-2　PCCS24色相環と対応させてウォームとクールにそれぞれの色相を分類してみると次のようになる。左の図は、もっとも暖かい色は5：O橙（オレンジ）で矢印の方向に寄った色相は、それぞれ暖かみ（ウォーム感）がある。右側の図は、最も冷たい色相は17：B、18：Bの青である。それぞれ矢印の方向に寄った色相は冷たさ（クール感）を感じさせる。

7-5 オストワルトの色彩調和論

(W.Ostwald:1853-1932)

ドイツのノーベル化学賞を受賞した化学者、色彩学者

「色彩の調和：1918」を発表し、「調和は秩序に等しい」と定義したオストワルトは、自ら開発した色彩体系に依拠して、独自の色彩調和論を著した。その要点は以下の通りである。

◎**無彩色による調和**　3色以上の灰色は、明度が等間隔だと調和する（図7-3-A）。

　　　例　a - e - i、e - i - n

◎**同一色相の調和（等色相三角形における調和）**

　　○等白色系列 isotints（図7-3-B）

　　　例　pc - pg - pl、la - le - li

　　○等黒色系列 isotones（図7-3-C）

　　　例　ca - ga - la、ge - le - pe

◎**無彩色と有彩色との調和**　同じ線上の関係は調和する（図7-3-D）。

　　　例　na - ng - n、ne - ie - e

◎**等純系列 isochromes**　同一色相三角形の垂直軸に平行な直線上の色は、オストワルト純度が等しく、調和する。「シャドゥシリーズ」または「ユニフォームクロマ」ともいう。絵画用語の「キアロスクロ」と同じ意味である。

◎**等価値色系列 isovalents**　色立体の中心軸に対して水平な面（白色量と黒色量の等しい色の色相環）にある色は調和する（図7-3-E）。

　　　例　2ic - 5ic - 8ic、11le - 14le - 17le。

◎**色相間隔が類似の調和（弱い対比）**　24色相環で色相差2〜4以内の範囲にある色は調和する。

◎**異色の調和（中間の対比）**　24色相環で色相差6〜8の範囲にある色は調和する。

◎**反対の調和（補色調和：強い対比）**　24色相環で色相差が12以上ある場合、その2色は調和する。

以上の関係を基本にした色彩調和論を展開している。

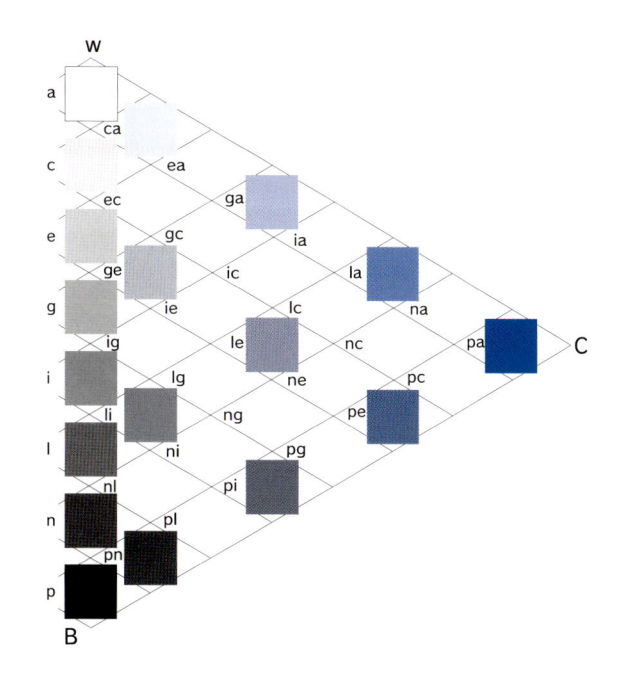

A. 無彩色による配色　　a e i　　e i n

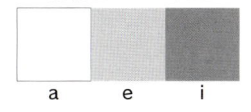

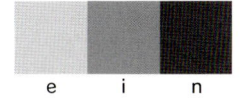

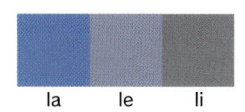

B. 等白色系列　　pc pg pl　　la le li

C. 等黒色系列　　ca ga la　　ge le pe

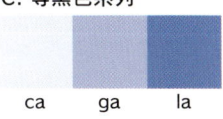

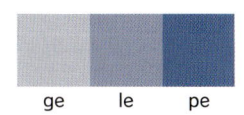

D. 無彩色と有彩色の調和　　na ng n　　ne ie e

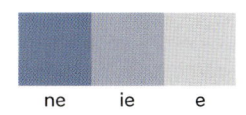

E. 等価値色系列　　2ic 5ic 8ic　　11le 14le 17le

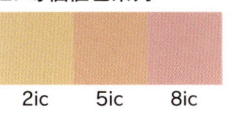

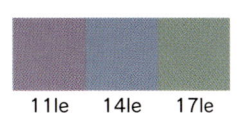

図 7-3

7-6 ムーン&スペンサーの色彩調和論

(P.Moon、D.E.Spencer)アメリカの色彩学者

ムーンとスペンサーは、過去の色彩調和論を研究し、マンセルシステムをもとにした色彩調和論を、アメリカ光学会(Optical Society of America)の学会誌に発表した。この調和論は、マンセル色体系と同様に、明快な幾何学的な関係を重視し、調和の種類を「同一性の調和」と「類似性の調和」、「対照性の調和」の三つに分類し、また、「あいまいな関係の配色」は不調和であるとした。調和・不調和の関係を「美度計算」によって割り出す方法を考案した点に、特徴がある。

◎**色相の調和関係** 図7-4のように、同一色相(Identity)、類似色相(Similarity)、対比(反対色相Contrast)の関係にある色相は調和するので、快い組み合わせとした。また、これらに含まれない関係をあいまい(Ambiguity)とし、不調和で、不快な組み合わせであるとした。

◎**明度・彩度の調和関係** 色相の関係と同様、同一・類似・対比(調和＝快)と、あいまい(不調和＝不快)に分類した(表7-1、図7-5)。

◎**美度計算** 配色の良し悪しは、秩序の要素と複雑さの要素によって割り出せるとし、

公式：美度＝秩序の要素／複雑さの要素

で計算する方法を考案した(表7-1、図7-6)。

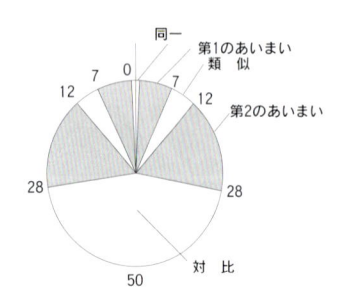

図7-4 色相差による快・不快の範囲

表7-1

快・不快の範囲	色相・Hの変化	明度・Vの変化	彩度・Cの変化
同一	0	0	0
第1のあいまい	1j.n.d.〜	1j.n.d.〜	1j.n.d.〜
類似	7〜	0.5〜	3〜
第2のあいまい	12〜	1.5〜	5〜
対比	28〜50	2.5〜	7〜

※ j.n.d.(just noticeable difference)は識別閾の意。識別閾とは人の目が、弁別(見分ける能力)できる範囲をいう。例えば、白から黒まで物理的には連続的に変化するものを、心理的には異なった色に見える境がある。2種類の色の刺激を識別できる最小の単位を j.n.d.で表す。

$$美度 = \frac{秩序の要素}{複雑さの要素} = (0.5 < 美度が高い)$$

秩序の要素＝色相の美的係数＋明度の美的係数＋彩度の美的係数
複雑さの要素＝色数＋色相差のある組み合わせの数
　　　　　　＋明度差のある組み合わせの数
　　　　　　＋彩度差のある組み合わせの数

	色相の美的係数	明度の美的係数	彩度の美的係数
同一	＋1.5	－1.3	＋0.8
第1のあいまい	0	－1.0	0
類似	＋1.1	＋0.7	＋0.1
第2のあいまい	＋0.65	－0.2	0
対比	＋1.7	＋3.7	＋0.4

※ 無色色どうしの組み合わせの場合、Hの美的係数は＋1.0とする。無彩色と有彩色の色相関係はなしとする。

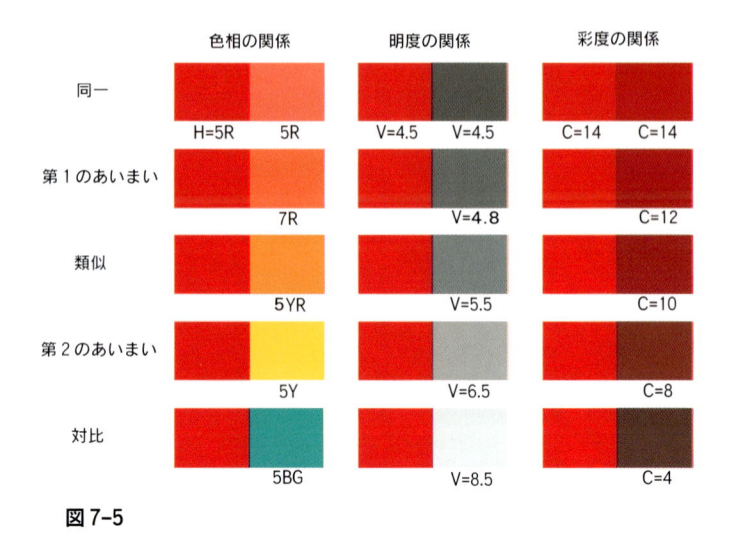

図7-5

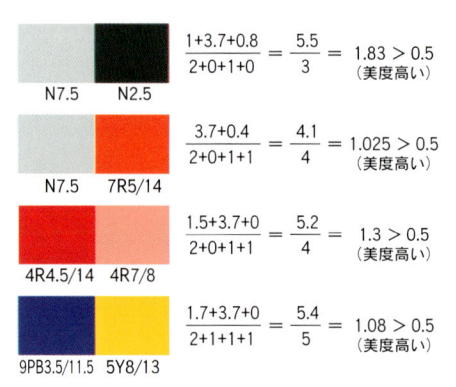

色相の関係 / 明度の関係 / 彩度の関係

同一：H=5R, 5R ／ V=4.5, V=4.5 ／ C=14, C=14
第1のあいまい：7R ／ V=4.8 ／ C=12
類似：5YR ／ V=5.5 ／ C=10
第2のあいまい：5Y ／ V=6.5 ／ C=8
対比：5BG ／ V=8.5 ／ C=4

N7.5 N2.5
$$\frac{1+3.7+0.8}{2+0+1+0} = \frac{5.5}{3} = 1.83 > 0.5 \text{ (美度高い)}$$

N7.5 7R5/14
$$\frac{3.7+0.4}{2+0+1+1} = \frac{4.1}{4} = 1.025 > 0.5 \text{ (美度高い)}$$

4R4.5/14 4R7/8
$$\frac{1.5+3.7+0}{2+0+1+1} = \frac{5.2}{4} = 1.3 > 0.5 \text{ (美度高い)}$$

9PB3.5/11.5 5Y8/13
$$\frac{1.7+3.7+0}{2+1+1+1} = \frac{5.4}{5} = 1.08 > 0.5 \text{ (美度高い)}$$

※ ABCの3色配色の場合は、A-B、B-C、A-Cの3とおりの組み合わせの美度を計算する。

図7-6 美度計算の例

7-7 古典的な秩序の原理による配色の形式

ここでは、欧米の色彩調和論で最も重視されてきた、色相の規則的な分割による配色の形式を、PCCS色相環に置き換えて紹介する。

◎**2色配色：ダイアード（dyads）** 補色配色のこと。混色すると無彩色となる。このような関係は、バランスが理想的に取れた調和が得られると考えられた。

◎**分裂補色（隣接補色）：スプリットコンプリメンタリー（split complementary）** 補色の両隣りの色を用いた配色で、補色の関係より調和しやすいともいわれる。対照色相配色の一種である。

◎**3色配色：トライアド（triads）** 色相環を3等分する位置にある色を用いた配色をいう。

◎**4色配色：テトラード（tetrads）** 色相環を4等分する位置にある色を用いた配色を基本とし、2組の補色の配色を合わせた配色も含める。

◎**5色配色：ペンタード（pentads）** 色相環を5等分する位置にある色を用いた配色、あるいはトライアドに、白と黒を加えた5色の配色をいう。

◎**6色配色：ヘクサード（hexads）** 色相環を6等分する位置関係にある色相を用いた配色。また、3組の補色対による6色配色や、テトラード配色に白と黒を加えた6色配色も、ヘクサードという。

以上のような配色の形式と、それに類した幾何学的な色相関係の配色形式は、視覚的に明瞭性を与えようとする西欧の伝統的な色彩調和観に基づくものと考えられる。

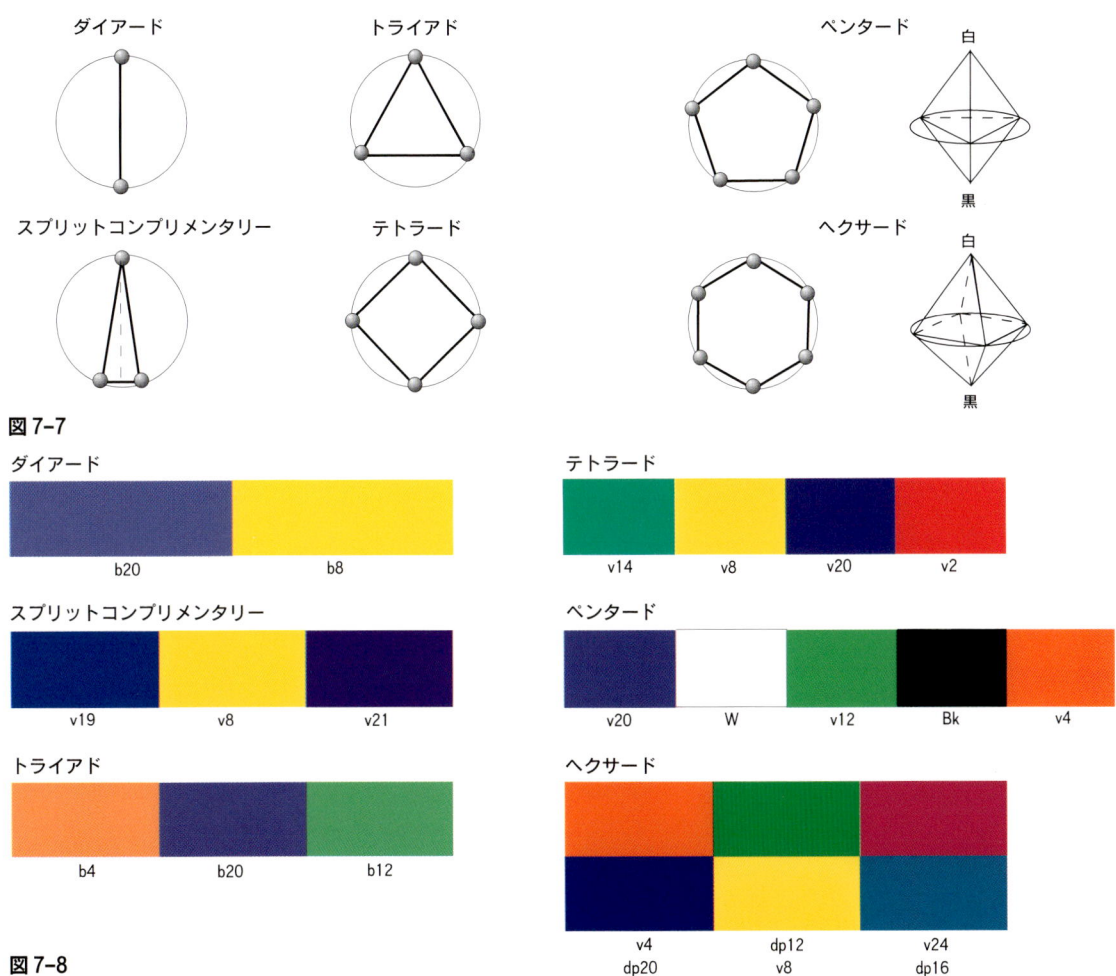

図 7-7

図 7-8

8. 色彩計画

8-1 カラープランニング

　色彩計画の考え方は、主に1950年代のアメリカで普及し、特にF.ビレン、L.チェスキンら実践家の活躍が注目される。この時代は、科学技術の発達がめざましく、大量生産方式の工業化社会が出現した。アメリカでは、GM（ジェネラルモータース社）やフォードの自動車、GE（ジェネラルエレクトリック社）の家電製品が大量生産、大量消費されていくようになった。また、アメリカンファッションが注目された時代でもあった。さらにこの時代に、人工的な着色材料と着色技術の発達で、それまで自由に色を表現することのできなかった素材や製品に、彩色を施すことが可能になった。

　このような時代背景の中で、「色彩調節＝カラーコンディショニング」の考え方が美的効果と心理的な効果の両面で注目され、住宅・病院・工場・図書館・事務所・店舗・マーケットなどの計画にとり入れられるようになった。例えば、労働者の疲労を軽減させ、同時に、一定の緊張感を持続させることによって生産性を向上させるなどの目的のために、工場の色彩調節が行われた。現在の色彩計画（カラープランニング、カラーコーディネーション）のルーツがここにある。

　近年、色彩計画は、いろいろな分野で重視されているが、目的と対象によってその方法や内容はさまざまである。以下、その基本的なとらえ方について紹介しよう。

8-2 目的と対象のとらえ方

（1）　個人の色彩

　個人が消費（使用）するものは、コンシューマーユース、パーソナルユースといわれ、各人の嗜好（好み）で色やデザインを選択する。したがって、個人の一時的な好みや流行の影響を受けやすいので、その寿命は比較的短いサイクルで変化していく。ファッションのように変化の早いものは、3か月～1年で変化する。このように一時的な好みによって変化していく色彩を、テンポラリープレジャーカラー（temporary pleasure colors）という場合がある。その代表が、ファッションカラー（流行色）である。

（2）　個人空間の色彩

　個人の室内の色彩は、個人のセンスや好みで、自由で個性的な色彩表現が許される。

（3）　住空間の色彩

　住宅は、家族単位で共同生活を営むための空間である。例えば、ダイニングルームやリビングルームは家族の共有スペースとしての空間であるから、一般的には、特殊な色彩はふさわしくない。天井・壁・床・家具などの色彩は、心理的な刺激の少ない、また、あきのこない色彩を基本に、色彩設計を行うとよい。例えば、ベージュやブラウン、オフニュートラル系などの低彩度色を基調に選色し、カーテン・カーペット、その他のインテリア小物などに、アクセントカラーとしての効果を期待する色彩として、高彩度色を使用する。基調となる心理的な刺激の少ない色彩は、環境色（インバイラメンタルカラー、environmental colors）と呼ばれる。

（4）　街並みの色彩

　住宅や店舗などの外装色や、街路樹・標識の色彩など、個々の機能や目的によって色彩は異なる。したがって、個々の色彩と全体の関係をカラーコーディネートすることが求められる。

（5）　都市空間の色彩

　街並みの色彩とほぼ同様の条件が求められる。動くもの（自動車や電車などの交通機関）か固定したもの（壁面標識・看板・広告塔など）か、また、それらの大きさや使用される時間の長短などの特徴を考慮して、計画する必要がある。

　P72の図は、個人（人）を中心にして、中心に近い関係のものや空間ほど、個人のセンスや好みが色彩に反映されることを表している。これはまた、人から距離が離れるにしたがって公共性が高くなり、色彩の選択に多くの人の合意

が求められることを示している。

　一般に色彩のライフサイクル（寿命）は、人から距離が遠くなるほど長くなり、反対に人（個人）に近い色彩は短いサイクルで変化する傾向が強い。色彩計画では、以上述べた目的と対象の特徴を把握することが、まず前提として求められる。

8-3　対象に対応した色彩表現の検討

　検討する際に考慮すべき条件を、以下に述べる。

1) 面積効果（スケール）…対象が占める面積
2) 距離感（ディスタンス）………対象と見る人との間の距離
3) 動き（ムーブメント）……対象は動くものか、固定（動かせない）したものか
4) 時間（タイム）……視野にある時間の長短
5) 公共性の度合い…個人用か共同使用か
6) 照明条件………自然光か人工照明か、およびその種類と照度

8-4　安全色及び安全標識
JIS-Z 9101:2005(ISO 3864-1:2002)

　この規格は、国際標準化機構（ISO）が2002年に公表したISO 3864-1に準拠して作成した日本工業規格である。その目的は、人への危害及び財物への損害を与える事故防止・防火・健康上有害な情報並びに緊急避難の情報を示すことであり、その方法として安全標識の安全標識色とデザイン原則について規定している。

安全色 (safety color)
　安全を図るための意味を備えた特別の属性をもつ色のことである。（表8-1）

安全標識 (safety sign)
　安全色と幾何学的な形状を組み合わせた基本形によって、一般的な安全のメッセージを伝え、図記号を加えることによって、特定の安全のメッセージを伝えるための標識である。代表的なものを図8-1に示す。

表8-1　安全色及び対比色(*1)の種類（信号灯を除く）

	色名	表示事項	参考値
安全色	赤	防火・停止・禁止	7.5R 4/15
	黄赤	危険・明示(*2)	2.5YR 6/14
	黄	警告・明示	2.5Y 8/14
	緑	安全状態・進行	10G 4/10
	青	指示・誘導	2.5PB 3.5/10
	赤紫	放射能	2.5RP 4/12
対比色	白	通路	N9.5
	黒	―	N1.0

*1：安全色と併用して使用する色
*2：航海・航空の保安施設

火気厳禁　　　非常口

一般指示　　　消火器

放射能　　　感電注意

図8-1　安全標識の例

目的と対象のとらえ方（概念図）

■都市空間の色彩
都市の色：建築外装色、店舗看板色、サイン色、CIカラー、交通機関の色、街路樹の色、標識色、その他

■街並みの色彩
街の色：店舗・住宅の外装色、標識色、街路樹の色、その他

■住空間の色彩
内装色、家具の色、カーテン・カーペットの色、家電製品の色、トイレ・浴室の色、システムキッチンの色、その他

■個人空間の色彩
内装色、家具の色、カーテン・カーペットの色、ブラインドの色、ベッドカバー・布団カバーの色、ダストボックス、その他

■個人の色彩
衣服（ファッション）・化粧・アクセサリー・ステーショナリーなど身につけるもの、持ち歩くもの、個人所有のもの、道具などの色、その他

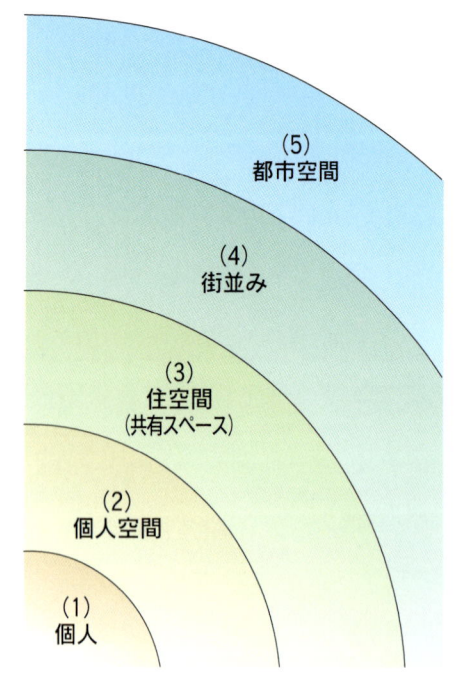

図8-2

カラープランニングやカラーコーディネーションの目的は、従来の機能性に加えて、対象となるものや環境に対して快適な色彩表現を計画し、調整することである。また、1980年代以降はＣＩ（コーポレートアイデンティティーの略。企業の存在意識を高めるためにデザイン表現を統一的に扱う方法）が注目されるようになり、色彩は新しいイメージ追求の統一的な表現手段として、重要な要素となった。なお、この紙面のビジュアル表現は、色彩の関わる領域と表現の多様性を視覚的にとらえるための参考であり、個々に吟味された事例として紹介するものではない。

写真提供
1. ロンドン、ドックランドのビル街（再開発地域）：(株)世界文化フォト
2. ロンドン、ドックランドの軽鉄道：(株)世界文化フォト
3. 黒沢明氏のデザインによる"虹"をマーキングしたMD90型機モデル プレーン：(株)日本エアシステム
4. 多摩ニュータウン（東京都八王子市）：(株)ボンカラー・フォト・エージェンシー
5. マザアス南柏（高齢者共同住宅）：ミサワホーム(株)
6. 高層住宅（兵庫県西宮市）：(株)ボンカラー・フォト・エージェンシー
7. 日本的な住宅：旭化成工業(株)
8. 子供部屋：旭化成工業(株)
9. ロンドン、シャツ店のショーウインドー：(株)世界文化フォト

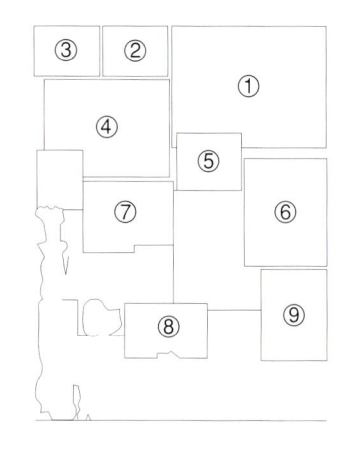

カラーコーディネーター入門──色彩

図8-3

9 資料・用具

　色彩計画のための資料、用具として種々の色見本帳やカラーチャートがあり、市販されている代表的なものとしてはここに上げたような製品がある。

色彩調査、記録のための資料、用具

　色彩調査の際に色を記録する方法として、マンセル記号によって記録される場合が多く、そのための「ものさし」として、「JIS標準色票」や「Munsell Book of Color」などが使われる。また、マンセル値（HV／C）を系統色名区分に変換することによって色を分類、整理するための資料としては「調査用カラーコード」などがある。

色指定、配色検討のための資料、用具

　色票集には、大きく分けて印刷色によるものと塗装色によるものがある。「DIC COLOR GUIDE」や「PANTONE COLOR GUIDE」、「配色カード」などは印刷色によるものであり、それ以外にここに紹介した色票集は塗装色によるものである。印刷による色票集は、比較的安価で配色を検討する際によく使われるが、印刷色による高彩度域の色は、塗料で再現できない場合がある。また、色が変わりやすく長期にわたる保管は難しいなどの点で、色彩管理されていることが前提となる建築の色彩設計や工業製品の色指定には印刷ではなく塗装による色票が使われる。

　「塗料用標準色見本帳」は塗装色として使用頻度の高い色が選色されており、「Chromaton 707」、「新建築デザイン色票」は建築の内・外装など環境色彩設計用の色票集で、低彩度領域の色が緻密に選色されている。

　「標準色カード230」は、PCCS系統色名の小分類の代表色230色を色票にしたもので、色指定や配色検討の他に色彩調査にも使用できる。PCCSによるカラーハーモニーのための資料としては「PCCS Harmonic Color 201-L」などがある。

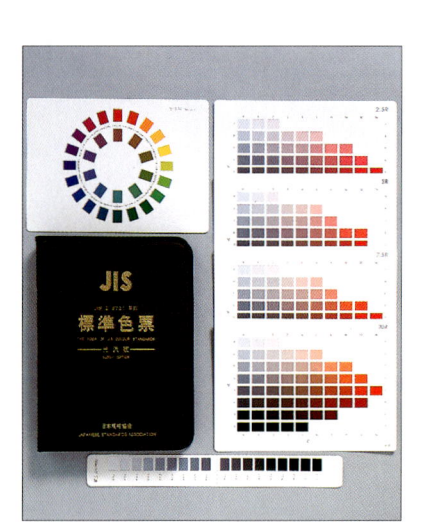

図9-1　JIS標準色票

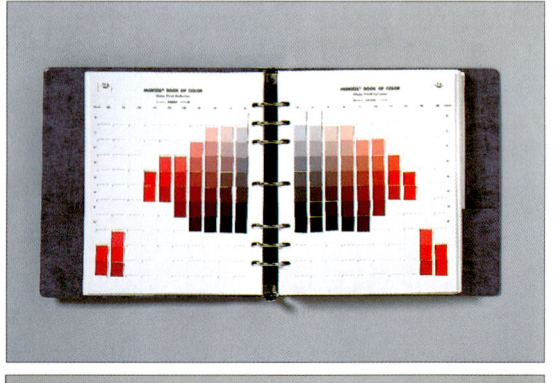

図9-2　Munsell Book of Color（上）
Munsell Book of Color Nearly Neutrals Collection（下）

図9-3　PANTONE COLOR GUIDE

図9-4　DIC COLOR GUIDE

図9-5　配色カード 158a
　　　　新配色カード 199a

図9-6　Chromaton 707

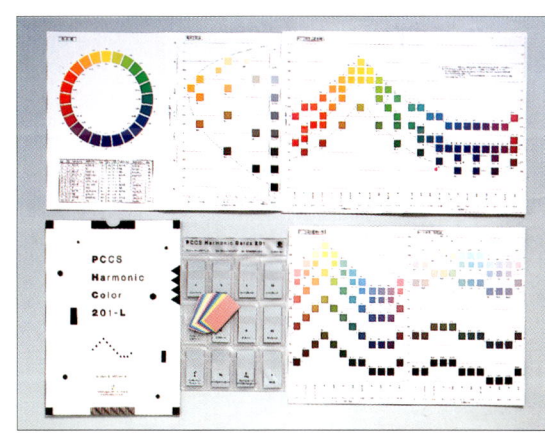

図9-7　PCCS Harmonic Color 201-L

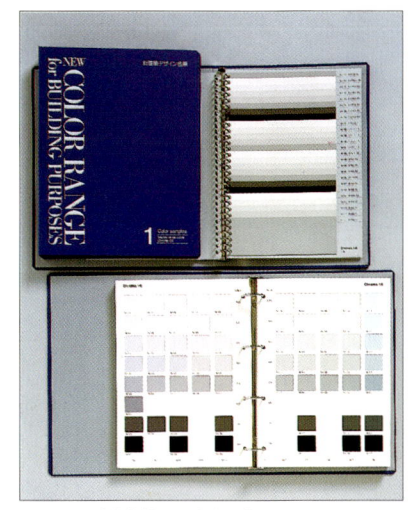

図9-8　新建築デザイン色票

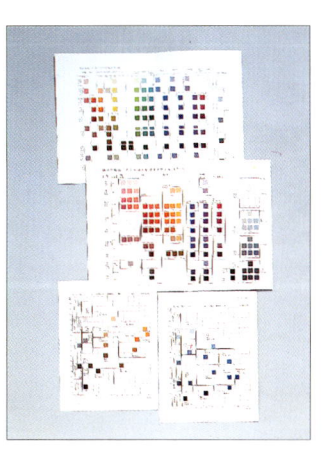

図9-9　調査用カラーコード

図9-10　標準色カード 230

図9-11　塗料用標準色見本帳

10 色名

1行目：色名（JIS 慣用色名に採用されている色名）
2行目：マンセル値　JIS 系統色名
3、4行目：色名解説
※色名を二つ以上あげている場合、最初の色名のマンセル値とJIS 系統色名を記載し、解説も最初の色名を中心に解説。

赤、カーマイン、シグナルレッド
5R 4/14　あざやかな赤
「赤」は基本色名で、語源はおそらく「あかし：明」ではないかと考えられている。

朱色、バーミリオン
6R 5.5/14　あざやかな黄みの赤
鉱物の辰砂（しんしゃ）から採取した硫化水銀の顔料。朱肉や朱塗の漆器などに見られる色。

スカーレット
7R 5/14　あざやかな黄みの赤
エンジ虫といわれるカイガラ虫の一種からとられる洋紅で染められた色を表す色名。

臙脂（えんじ）、茜（あかね）色
4R 4/11　つよい赤
エンジ虫を原料とする染料で染められた色。染料の生臙脂は濃い赤の染色に使われた。

ワインレッド
10RP 3/9　こい紫みの赤
赤ブドウ酒の色であり、こい赤から赤紫系を代表する色名として300年以上昔からよく知られている。

韓紅花（からくれない）
1.5R 5.5/13　あざやかな赤
大陸渡来の染料という意味からきた色名で、韓紅/唐紅とも書く。

桜（さくら）色
10RP 9/2.5　ごくうすい紫みの赤
桜の花の代表的な色。近似色に「一斤染（いっこんぞめ）」という色名がある。

珊瑚（さんご）色、コーラルレッド、ピンク
2.5R 7/11　明るい赤
珊瑚の代表的な色からつけられた色名。英名ではコーラル、コーラルレッドとなる。

鴇（とき）色
7RP 7.5/8　明るい紫みの赤
トキが飛ぶときに風切羽に見られる色。トキは、昔の日本ではめずらしい鳥ではなかった。

紅梅（こうばい）色、桃色
2.5R 6.5/7.5　やわらかい赤
梅の花の中で赤みの強い色の代表。桃色は、桃の花に見られる色で女児の節句のシンボルカラー。

オールドローズ
1R 6/6.5　やわらかい赤
「過ぎし昔のバラ」の意味でややあせた感じの色。19世紀後半大英帝国時代に流行した。

蘇芳（すおう）
4R 4/7　くすんだ赤
熱帯産植物の幹から採った染料で染められた色。飛鳥（あすか）時代から用いられた。

黄丹（おうに）、チャイニーズレッド
10R 6/12　つよい黄赤
皇太子の袍（ほう）の色で、禁色（きんじき）の代表的な色であった。

樺（かば）色、キャロットオレンジ
10R 4.5/11　つよい黄赤
桜の樹皮の色を表す。蒲（かば）色は水草の蒲の穂からの色名。ほとんど同じ色系統である。

バーントシェンナ、赤茶（あかちゃ）
10R 4.5/7.5　くすんだ黄赤
イタリアのシェーナで産出する黄土、シェーナ土を焼製した焼シェーナの色。

テラコッタ
7.5R 4.5/8　くすんだ黄みの赤
イタリア語で赤土焼きのこと。赤土焼きの仕事やその製品もテラコッタという。

マルーン
5R 2.5/6　暗い赤
大粒の栗の色からの色名。小粒の栗は赤みが少なくなり、チェスナットブラウンという。

海老茶（えびちゃ）、紅海老茶、鳶（とび）色
8R 3/4.5　暗い黄みの赤
本来はヤマブドウの一種の実の色からの葡萄（えび）色であったが、伊勢海老の殻の色となった。

チョコレート
10R 2.5/2.5　ごく暗い黄赤
チョコレートのような色を表し、18世紀にできた色名。フランス語のショコラと同じ。

弁柄（べんがら）色、赤錆（あかさび）色
8R 3.5/7　暗い黄みの赤
顔料や製法の伝来元、インドのベンガル地方の当て字。天然の赤土顔料を弁柄といった。

煉瓦（れんが）色
10R 4/7　暗い黄赤
赤煉瓦の色で、英語のブリックレッドの訳語と考えられる。

栗（くり）色
2YR 3.5/4　暗い灰みの黄赤
小粒の栗の実の表皮の色からつけられた色名。栗皮色も同じ。

肉桂（にっけい）色
10R 5.5/6　くすんだ黄赤
クスノキの樹皮からとれる香辛料である肉桂（シナモン）の色からつけられた色名。

桧皮（ひわだ）色
1YR 4.3/4　暗い灰みの黄赤
古くから伝わる伝統色名のひとつで、檜（ひのき）の樹皮のような色のことをいう。

シェルピンク
10R 8.5/3.5　ごくうすい黄赤
海中に生息するある種の貝の殻の内側に見られるうすいピンクからつけられた色名。

ピーチ、ネールピンク
3YR 8/3.5　明るい灰みの黄赤
日本の桃色は花の色だが、ピーチは桃の果肉の色からつけられた英語の色名。

サーモンピンク
8R 7.5/7.5　やわらかい黄みの赤
鮭（さけ）の身肉に見られるやわらかいピンクのことで、18世紀中期以降から使われる。

オレンジ、橙（だいだい）色、蜜柑（みかん）色
5YR 6.5/13　あざやかな黄赤
果実のオレンジやダイダイの果皮の色からつけられた色名。

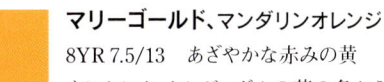

マリーゴールド、マンダリンオレンジ
8YR 7.5/13　あざやかな赤みの黄
キンセンカ、センジュギクの花の色からつけられた色名。

代赭（たいしゃ）、黄茶（きちゃ）、ローシェンナ
2.5YR 5/8.5　くすんだ黄赤
中国山西省代県から産出する赭土（あかつち）が古来有名で、天然顔料の色名となった。

タン
6YR 5/6　くすんだ黄赤
皮をなめすのに使われるカシ、ナラなどの樹皮をつぶした汁の色系統を表す英語の色名。

駱駝（らくだ）色
4YR 5.5/6　くすんだ黄赤
ラクダの毛の色からつけられたあかるい茶系の色名。日本では近世になってから一般的になった。

セピア、バーントアンバー
10YR 2.5/2　ごく暗い赤みの黄
イカの内臓分泌腺の中でつくられる黒褐色の分泌物の色。セピア顔料として使われた。

柑子（こうじ）色
5.5YR 7.5/9　あかるい黄赤
ミカン科の果実の色からの色名で、12世紀にはすでに色名として使われ、「かんじいろ」とも呼ぶ。

小麦色
8YR 7/6　やわらかい赤みの黄
実った小麦の色。小麦色の肌など、日に焼けた肌色を形容するのに使われる。

琥珀（こはく）色、アンバー
8YR 5.5/6.5　くすんだ赤みの黄
琥珀は樹脂の化石、アンバーはその英名。

黄土色、イエローオーカー
10YR 6/7.5　くすんだ赤みの黄
粘土質で黄褐色の土、黄土に見られる濁った黄色。

カーキー
1Y 5/5.5　くすんだ赤みの黄
カーキーはインドで土ぼこりを意味する。保護色であり、軍服の色として用いられる。

10. 色名

ブロンズ
8.5YR 4/5　暗い赤みの黄
銅と錫（すず）の合金である青銅のような茶褐色の色名。

ローアンバー
2.5Y 4/6　暗い黄
マンガンと鉄を含む土を精製した顔料の色。イタリアのウンブリア地方の土（Terra d' Umbre）に由来する。

卵（たまご）色
10YR 8/7.5　明るい赤みの黄
鳥の子色が卵の殻の色であるのに対して、卵色は中身の黄身のような色をいう。

バフ
8YR 6.5/5　やわらかい赤みの黄
野牛の色からつけられた古い色名だが、現在では黄褐色を表す一般的な色名になった。

ベージュ
10YR 7/2.5　明るい灰みの赤みを帯びた黄
薄い茶色の総称的な色名。本来はフランス語で漂白しない羊毛の色を表す言葉であった。

山吹（やまぶき）色
10YR 7.5/13　あざやかな赤みの黄
バラ科の落葉低木、ヤマブキの花の色からの色名。昔から小判などの金貨の別称。

ネープルスイエロー
2.5Y 8/7.5　つよい黄
古くから知られている鉛アンチモン化合物のナポリ産黄色顔料の色名。

ブロンド
2Y 7.5/7　やわらかい黄
一般に金髪の色のことをいう。ブロンドは英名で、仏名ではブロンとなる。

芥子（からし）色
3Y 7/6　やわらかい黄
洋からし・マスタードの色。芥子菜（からしな）の種子を乾燥して粉にした香辛料からついた色名。

イエロー、ジョンブリアン
5Y 8.5/14　あざやかな黄
イエローは基本色名のひとつ。心理四原色のひとつでもある。

カナリヤ、中黄（ちゅうき）
7Y 8.5/10　明るい緑みの黄
カナリア諸島原産の小鳥カナリヤの羽色からつけられた色名。

レモンイエロー
8Y 8/12　あざやかな緑みの黄
レモンの表皮の色からの色名。絵の具の色名にもなっている。

刈安（かりやす）色
7Y 8.5/7　うすい緑みの黄
ススキに似た植物カリヤスで染色した色からつけられた色名。

オリーブ
7.5Y 3.5/4　暗い緑みの黄
オリーブの実の色からの色名で、まだ熟さない実の色。黄色の暗色系を表わす代表的な色名。

オリーブグリーン
2.5GY 3.5/3　暗い灰みの黄緑
熟さないオリーブの実の色で、オリーブより緑みが強い。18世紀からイギリスで使われた。

黄檗（きはだ）色
9Y 8/8　明るい黄緑
山地に生息するミカン科の木で、その黄色い樹皮を染料として染めた色をいう。

鶯（うぐいす）色、海松（みる）色
1GY 4.5/3.5　くすんだ黄緑
春告（つ）げ鳥ともいわれるウグイスの羽の色。海松色は磯の岩石に付着する緑草の一種からの色名。

抹茶（まっちゃ）色
2GY 7.5/4　やわらかい黄緑
茶道で使う抹茶の色を表す色名。茶道が一般に普及してから色名にも使われるようになった。

苔（こけ）色
2.5GY 5/5　くすんだ黄緑
苔の色からの色名で、英名ではモスグリーンという色名がある。

若草色、萌黄（もえぎ）
3GY 7/10　つよい黄緑
新鮮な春の若草の色を表す色名。萌黄は春先に草や木の葉の萌え出る緑の色。

鶸（ひわ）色
1GY 7.5/8　つよい黄緑
スズメ科の小鳥、ヒワの羽の色からつけられた色名。

シャトルーズグリーン
4GY 8/10　明るい黄緑
グランド・シャトルーズの修道院で作られたリキュールの色に由来する色名。

リーフグリーン
5GY 6/7　つよい黄緑
植物の葉の色で、葉緑素クロロフィルによってこのように色づけられる。

草色、グラスグリーン
5GY 5/5　くすんだ黄緑
若草色が濃くなると草色とよばれる。その英名のグラスグリーンは8世紀にはすでに使われていた。

白緑（びゃくろく）
2.5G 8.5/2.5　ごくうすい緑
緑青（ろくしょう）を細かい粉末にすると白っぽくなる。この白に近い緑をいう。

緑（みどり）
2.5G 6.5/10　明るい緑
心理四原色のひとつであるが、青と混同されやすい基本色彩語。

常磐（ときわ）色
3G 4.5/7　こい緑
常緑樹の葉の緑色のことで、古くから縁起のよい色であるとされた。

緑青（ろくしょう）色
4G 5/4　くすんだ緑
「ろくしょう」とも呼ぶ。銅にできる錆（さび）で、古代から人工的につくり、絵画や装飾に用いられた顔料。

エメラルドグリーン、若竹（わかたけ）色
4G 6/8　つよい緑
こい緑色の宝石で緑柱（りょくちゅう）石ともいう。絵の具の顔料は青酸銅と亜硫酸塩の化合物である。

マラカイトグリーン
4G 4.5/9　こい緑
マラカイトは天然塩基性炭酸銅の岩緑青で最古の緑色顔料。18世紀まで絵の具に用いられた。

ビリジアン
8G 4/6　くすんだ青みの緑
1859年にフランス人ギネーが製造特許を登録した透明な水酸化クロム顔料の色名。

青磁（せいじ）色、青竹（あおたけ）色
7.5G 6.5/4　やわらかい青みの緑
中国産のうす緑の釉薬（ゆうやく）をかけた磁器の色。日本で秘色（ひそく）と呼ばれ珍重された。

鉄色
2.5BG 2.5/2.5　ごく暗い青緑
鉄の焼肌の色。陶器に青色の絵付をする釉薬（ゆうやく）の呉須（ごす）の色からの色名ともいわれる。

ピーコックグリーン
7.5BG 4.5/9　あざやかな青緑
孔雀（くじゃく）の羽の色からの色名。

マリンブルー
5B 3/7　こい緑みの青
マリンは海軍、海洋に関することを表す言葉で、海の男の制服に使われた藍染の色を表す色名。

新橋（しんばし）色
2.5B 6.5/5.5　明るい緑みの青
明治中期から大正に化学染料が用いられるようになり、新橋の芸者衆が好み流行した色。

浅葱（あさぎ）色
2.5B 5/8　あざやかな緑みの青
葱（ねぎ）の若芽のような色の意味で、藍（あい）をごく浅く染めた色のこと。葱の色の記憶色である。

納戸（なんど）色
4B 4/6　つよい緑みの青
藍（あい）染した布を納戸に入れておいたとか、納戸にかけた幕の色などのいわれがある藍染の色。

瓶覗き（かめのぞき）、白群（びゃくぐん）
4.5B 7/4　やわらかい緑みの青
藍瓶を少しのぞいただけという意味で、わずかに染料をくぐらせただけの藍染の色を表す色名。

水色
6B 8/4　うすい緑みの青
平安時代から用いられた色名で、うすい緑みの青を代表する色名。自然の水の色の代表色。

10. 色名

ナイルブルー
10BG 5.5/5　くすんだ青緑
エジプトに流れる母なる大河ナイルをイメージした色名。

空色、スカイブルー
9B 7.5/5.5　明るい青
晴れた空の色の明るい青。ヨーロッパでは崇高な感情を表す色。ベビーブルーも近似色。

シアン
7.5B 6/10　明るい青
シアン化合物に見られるさえた緑みの青。カラー印刷の三原色の一つ。

コバルトブルー、ブルー
3PB 4/10　あざやかな青
燐酸コバルトまたは硫酸コバルトとミョウバンを焙焼（ばいしょう）して製造した青色絵の具の色。

青（あお）
10B 4/14　あざやかな青
青色の感覚は人間の基本的色覚のひとつと考えられ、基本色名のひとつ。

藍（あい）色
2PB 3/5　暗い青
タデ科の一年生植物、藍（あい）の葉や茎から採取される染料色。

露草（つゆくさ）色
3PB 5/11　あざやかな青
藍（あい）染以前はこの花の汁で青色に着色した。万葉集以来、色が移る、消えるの意味がある。

縹（はなだ）色
3PB 4/7.5　つよい青
藍だけで染められた純粋の藍染めを表す代表的な日本の伝統色名。

瑠璃（るり）色
6PB 3.5/11　こい紫みの青
中国、エジプトなどで紀元前から宝石として知られていた瑠璃（ラピスラズリ）の色。

紺（こん）色、ネービーブルー
6PB 2.5/4　暗い紫みの青
藍（あい）染のこい色が紺色。紺屋（こうや）は染色業の代名詞であった。ネービーは海軍のこと。

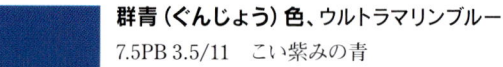

群青（ぐんじょう）色、ウルトラマリンブルー
7.5PB 3.5/11　こい紫みの青
鉱物顔料による青の代表的な色名。飛鳥（あすか）時代から使われていたといわれる。

桔梗（ききょう）色
9PB 3.5/13　こい青紫
キキョウの花の色からの青みの紫を表す伝統色名。襲（かさね）の色目では桔梗襲がある。

パンジー
1P 2.5/10　こい青紫
三色スミレの花の色に見られる紫色からの色名。

ヘリオトロープ
2P 5/10.5　あざやかな青紫
向日性のうす紫色の花の名前からつけられた色名。

藤色
10PB 6.5/6.5　明るい青紫
マメ科のつる性植物フジの花の色からの色名。うすい青紫系の色を代表する色名。

バイオレット、青紫
2.5P 4/11　あざやかな青紫
スミレ属の各種の植物を表すビオラ（viola）に由来する青と紫の中間色相を代表する色名。

ラベンダー
5P 6/3　灰みの青みを帯びた紫
ラベンダーの花のようなうす紫色を表す代表的な色名。

ライラック、オーキッド
6P 7/6　やわらかい紫
ヨーロッパでリラと呼ぶモクセイ科の常緑樹の花の色からの色名。

マゼンタ
5RP 5/14　あざやかな赤紫
もとは北イタリアの地名で、1859年に発見されたアニリン系染料につけられた名前。

紫（むらさき）、パープル
7.5P 5/12　あざやかな紫
青と赤の中間色相を代表する色名。古代から日本では臣下の最高位を象徴する色であった。

菫（すみれ）色、菖蒲（しょうぶ）色
2.5P 4/11　あざやかな青紫
スミレの花の色からの色名。万葉の頃から襲（かさね）の色目にもなっている。

鳩羽（はとば）色
2.5P 4/3.5　くすんだ青紫
鳩の羽の色からつけられた灰みの紫の色名。明治から大正にかけて流行した。

江戸紫（えどむらさき）
3P 3.5/7　こい青みの紫
武蔵野に自生する紫草で染めた色。今紫（いまむらさき）ともいう。

古代紫（こだいむらさき）
7.5P 4/6　くすんだ紫
古くからある紫根（しこん）染の紫で、にぶい赤みの紫。京紫もこの色の範囲に入り、本紫に近い色。

紫紺（しこん）
8P 2/4　暗い紫
藍染は濃くなるほど紫みになるが、特に紫みをもつ紺色は紫紺と呼ばれる。

牡丹（ぼたん）色
3RP 5/14　あざやかな赤紫
キンポウゲ科の落葉低木ボタンの花の色で、赤紫系の代表的な伝統色名。

白（しろ）、ホワイト、スノーホワイト
N9.5　白
日本語の最古の色名のひとつとされ、けがれない、何もないなどの意味を表す言葉としても使われる。

生成り（きなり）色
10YR 9/1　赤みを帯びた黄みの白
天然素材のままの繊維の色のことで、このような自然の色が見直されて色名となった。

象牙（ぞうげ）色、アイボリー
2.5Y 8.5/1.5　黄みのうすい灰色
英名ではアイボリー。黄みの白の代表色名。

スカイグレイ
7.5B 7.5/0.5　青みの明るい灰色
曇った空の色。英語の曇り空のグレイは青みのグレイをいう。

シルバーグレイ、銀鼠（ぎんねず）
N6.5　明るい灰色
ややくすんだ銀色を表す色名。白髪まじりの頭髪の色を表すときなどに使われる。

ローズグレイ
2.5R 5.5/1　赤みの灰色
赤みのあるグレイで、バラの色みをもったグレイのこと。近似色として茶鼠（ちゃねず）がある。

利休鼠（りきゅうねずみ）
2.5G 5/1　緑みの灰色
緑みのグレイで、わび・さびにつながる地味な色。茶人千利休（せんのりきゅう）の名にちなんだ色名。

煤竹（すすたけ）色
9.5YR 3.5/1.5　赤みを帯びた黄みの暗い灰色
近世の染色の色名で、汚れて赤黒くなった竹のような色を表す。英語のバンブーも近い色を表す。

鼠（ねずみ）色、グレイ、灰（はい）色
N5.5　灰色
ねずは江戸時代の流行で百鼠（ひゃくねず）というようにグレイ系の色を総称する色名として用いられた。

チャコールグレイ
5P 3/1　紫みの暗い灰色
チャコールは炭や木炭のことで、消炭のような暗いグレイの色名として用いられる。

スレートグレイ
2.5PB 3.5/0.5　暗い灰色
粘板岩や頁岩（けつがん）の薄板をスレートという。その表面の灰色を表す色名。

ブラック、ランプブラック
N1　黒
黒の英名で、白（英名はホワイト）とともにもっとも原初的な色名と考えられている。

　ここに取り上げた色名は慣用色名の全てではなく、金、銀の鉱物名に「色」と付けて色名とする等、染料、染色、草花、果実、人物、動物、地名、生活、習慣などからつけられた色名、その時代に流行した色名など多々ある。
　色名はHV/Cの1点で表すのではなく、ある程度の範囲があるものだが、ここではJIS Z 8102：2001「物体色の色名」であげられた三属性値を参考にする。

11 色彩年表

BC20〜15万年		氷河時代、赤土や黄土を色彩として使った遺物がある。
BC2万〜1万年		アルタミラやラスコーの洞窟画が描かれる。
BC7千〜4千年		縄文時代〔前期〕、鳥浜貝塚（福井県）朱漆塗りタテ櫛、押出遺跡（山形県）漆塗り浅鉢土器がつくられる。
BC3200ころ		古代エジプトでは顔料・染料が発達し、すぐれた壁画や工芸品が数多く残されている。バビロニアでは星の色で占いが行われる。
BC2000ころ		エーゲ文明が始まり、宮殿装飾に多彩な色料が使われる。
BC1800ころ		中国に殷王朝がおこり、華麗な銅器がつくられる。
BC800ころ		古代ギリシア文明始まる。ピュタゴラス（BC582〜BC496）は色彩には白、黒、赤、黄があるとし、また和音との関係で調和を論じた。後にプラトン（BC427〜BC347）、アリストテレス（BC384〜BC322）らが色彩論をあらわしている。
BC300ころ		テオフラトス「アリストテレスの色彩学」を書く。
BC200ころ		古代ローマ全盛期。ポンペイの壁画に見るように多彩な顔料が使用され、染色技術も進んで、衣服の色によって階級を示す。
AD100ころ		インド、アジャンター石窟の壁画に多彩な顔料が使用される。
		弥生時代〔後期〕、伊場遺跡（静岡県）漆塗り短甲状木製品がつくられる。
200ころ		ローマのカタコンベ（地下霊拝所）にフレスコ壁画が描かれる。
243		倭王（卑弥呼）、倭錦・丹などを献上する。
400ころ		古墳時代〔前／中期〕、江田船山古墳（熊本県）金銅冠、金銅飾太刀、金銅沓がつくられる。
537		コンスタンチノポリスに聖ソフィア寺院完成、内部装飾に金色の彩色やモザイクを使用。
545		ラベンナの聖ビターレ寺のモザイク完成。このころ中世モザイク美術最盛期、多彩な着色ガラスや砕石片が使われる。
550ころ		古墳時代〔後期〕、王塚装飾壁画古墳（福岡県）赤、黒、白、黄、緑の色料が使われている。
603		推古天皇、6色12階の冠位制定。
607		法隆寺起工、このころ高松塚の壁画描かれる。
610		高麗の僧曇徴来朝、紙墨の製法・彩色画の技法を伝える。
647	大化3	大化の改新による7色13階の冠位制定。
683	天武11	冠位を廃し、すべて黒色の冠とする。
684	天武12	8色の姓を定める。
701	大宝元	大宝律令制定、大宝衣服令により7色13階の冠位を定める。
711	和銅元	このころ法隆寺壁画完成、繧繝彩色の初期のものが見られる。
718	養老2	養老律令完成、養老衣服令に7色13階が記された。
724	神亀元	五位以上および庶人の富者に瓦葺き、丹塗りの家屋を建てることが許される。
750		カロリング王朝始まる。壁画・モザイク・写本装飾などに多彩な色料が使われる。
1124	天治元	中尊寺金色堂完成。
1490		このころよりレオナルド＝ダ＝ビンチの手記中で色彩論書かれる。
1550		コチニール染料ヨーロッパに伝わる。
1611		ケプラー「光学」刊。
1613	慶長18	江戸幕府、勅許紫衣制度を定める。
1629	寛永4	酒井田柿右衛門、染付白磁を始める。
1637		デカルト「光学」刊。
1666		ニュートン、プリズムでスペクトル発見。光の屈折の研究を発表。
1667		フランスでゴブラン織始まる。
1669		バルトリヌス、光の複屈折の研究を発表。
1675		レーマー、光の速度を測定。ニュートン、光の粒子説提唱。
1678		ホイヘンス、エーテルによる光の波動説を提唱。
1681	天和元	このころ茶屋染め流行、縮緬など京都の染織が盛んになる。
1690		ホイヘンス「光の本性について」刊。
1704		ニュートン「光学」刊。
		ブイーズベック、プルシャンブルーを発見。
1730		ルブロン、三原色説（赤・黄・青）を発表。
1737		デュフュー、三原色説を糸布染色に応用。
1775		テナルド、ブロンストがコバルトブルーを発見。
1776		ハリス、色相環を発表。
1780		リンマン、コバルトグリーンを発見。
1791		クルトウ、亜鉛華（白色）を発見。
1801		ヤング、光の干渉現象を波動説で説明。
1802		ヤング、赤・緑・紫の三原色論を発表。

年		事項
1807		ルンゲ、「球体色彩体系」をつくる。
1810		ゲーテ「色彩論」刊。
1816		ギヌエ、人造ウルトラマリンをつくる。
1816		ショーペンハウエル、「視覚と色彩」論文発表。
1817		ストローマイエル、カドミウムイエローを発見。
1818		フレネル、光の波動説を定式化。
1821		ブリュースター「光の研究」刊。顔料の三原色(赤・青・黄)を発表。
1825		プルキンエ現象発見される。
1835		シュブルール「色の調和と対比の法則」刊。
1845		フィールド「色彩学」刊。
1852		ヘルムホルツ、三原色説発表。
1856		パーキン、合成染料(モーブ)を発明。
1865		マックスウェル、「光の電磁波論」を発表。同年回転混色盤を考案。
		ブルッケ「色彩の生理学」刊。
1874		ヘーリング、心理四原色説を発表。
1875	明治8	橋爪貫一「小学色図問答」刊。
1876		ベゾルト「色彩学」刊。
1878		バイエル、インディゴ合成に成功。
1879		ルード、「モダンクロマティックス」を著す、印象派以後の画家の色彩表現に影響を与える。
		エジソン、白熱電球を発明。
1887		フォーゲル、カラーフィルムのもとになる色彩感光発見。
1888		ヘルツ、電磁波の作成に成功。マックスウェル、光の電磁波説確立する。
1891	明治24	塩田力蔵「色の調和」刊。
		リップマン、天然色写真発明。
1905		マンセル、色彩体系を発表。
1907	明治40	矢野道也「色彩学」刊。
1909	明治42	和田三造、パリに留学、色彩に関心をもつ。
1914		第一次世界対戦ぼっ発、偽装・迷彩が始まる。
1915		「アトラス オブ ザ マンセルカラーシステム」刊。
1919		イッテン、色彩教育を始める。
1922		オストワルト、色彩体系を発表。
1925		ビレン、色彩調節を試みる。
1926		マンセル「カラーノーテーション」刊。
1927	昭和2	和田三造、日本標準色協会(現在の財団法人日本色彩研究所の前身)を設立。
1929		「マンセルブックオブカラー」刊。
1931		CIE(国際照明委員会)、「XYZ系による色の表示方法」を発表。わが国では1952年JIS Z 8701として制定。
		オストワルト「色彩の科学」刊。
1934		ビレン「色の基準」刊。
1935	昭和10	コダックがカラーフィルムを市販。
		和田三造「色名大鑑」刊。
1938	昭和13	商工省に色規格委員会設置。
		ビレン「カラーフォームズによる色彩調和論」刊。
1941		グレイブス「色彩の美術とデザイン」刊。
1942		ジャコブソンとグランビル、オストワルト体系に基づく「カラーハーモニーマニュアル」を発表。
1943	昭和18	アメリカ光学会、マンセル体系に基づき修正マンセル体系を発表。
		上村六郎・山崎勝弘「日本色名大鑑」刊。
		JES 0503(日本化学規格)制定。
1944		ムーン&スペンサー、色彩調和論を発表。
1945	昭和20	日本色彩研究所、財団法人となる。
1948	昭和23	色彩科学協会設立。
1950	昭和25	色彩教育研究会、機関誌「カラー」発刊。
1951	昭和26	財団法人日本色彩研究所「色の標準」発表。
1952	昭和27	JIS Z 8701(日本工業規格)、XYZ系による表示方法を定める。
1953	昭和28	文部省、学校用標準色票改訂。
		日本流行色協会設立。
1954	昭和29	財団法人日本色彩研究所「色彩研究 No.1」「色名大辞典」発刊。
1955		DIN(ドイツ工業規格)、色票系発表。
1958	昭和33	JIS Z 8721「三属性による色の表示方法」(修正マンセル色体系による)を制定。
1959	昭和34	「JIS準拠標準色票(第1版)」発行。イッテン「色彩の芸術」刊。
1962	昭和37	「色彩科学ハンドブック」刊。
1964	昭和39	財団法人日本色彩研究所、「日本色研配色体系(PCCS)」を発表。それに伴い「色の標準」絶版となる。
1970	昭和45	色彩科学協会を日本色彩学会に改組。
1976	昭和51	財団法人日本色彩研究所、「クロマコスモス5000」色票系を発表。
1979		スウェーデン工業規格としNCS(Natural Color System)の基本色票をもとに色票集として発行。
1981	昭和56	「公共の色彩を考える会」発足
		財団法人日本色彩研究所、「クロマトン707」デザイン色票を発表。
1987	昭和62	「クロマコスモス6000」低彩度編を発表。
1989	平成元	「クロマコスモス6000」高彩度編を発表。
1997	平成9	AIC 97 京都大会開催。
1998	平成10	日本色彩学会50周年記念事業行う。
		新編色彩科学ハンドブックを発行。
2001	平成13	JIS Z 8102 物体色の色名 を改訂。168種類の慣用色名が269種類になる。

12 色彩用語

ア

暗順応 dark adaptation
明るい所から暗い所に入るとしばらく何も見えないが、徐々に目の感度が調整されて見えるようになってくる。これを暗順応という。暗順応は一定の時間（ふつう30分くらい）を要する。

暗所視 scotopic vision
主に桿体が働いている視覚の状態をいい、暗い所で物を見る状態をさす。桿体は色を区別することができず、明暗のみ感じることができる。

暗清色 shade color
純色に黒を加えてできる澄んだ調子の暗い色をいう。

色温度 color temperature
光源の質を表す用語の一つで、光源の色みの違いを表したもの。物を燃やした時の炎の色は、比較的低い温度では赤い色をしているが、温度が高くなるにつれて白くなり、さらに高温になると青みがった色になる。これに基づいて、高温に熱せられた物体から発散される放射の温度で表したもので、正確には、完全放射体（黒体）の温度（絶対温度）で表し、単位はK（ケルビン）で表す。

色順応 chromatic adaptation
照明光源の色みに対する順応の現象、およびそのように変化した目の状態。ある色光に慣れると、その色みを最初ほど感じなくなるなどの現象はこれにあたる。

色の共感覚 chroma esthesia
ある感覚器官による本来の感覚とともに他の感覚器官領域の感覚が生じる現象を、共感覚という。色を見て他の感覚が同時に生じる場合はほとんどなく、比較的多いのは、音とともに色彩感覚が生じるといった場合である。音により色彩感覚を生ずるものを色聴とよんでいる。

色の軽重感 apparent weight of color
色の心理的効果の一つ。明度の高い色ほど軽く、低いものほど重く感じられる。有彩色（純色）では赤・青・紫が重く感じられ、緑・橙が中間、黄・黄緑が軽く感じられる。無彩色では、黒が最も重く、白がいちばん軽いと判断される。灰色は明度に応じてその順位が決定される。以上は、ただ見ただけで見かけのその軽重感を判断した場合であるが、色のついた物体をもち上げることによって、その軽重感を評価すると明度と重さ感の関係が明瞭でなくなる場合もある。

色の恒常性 color constancy
物体の色が、光源が変わっても同じような色の見え方をすることをいう。例えば、白い紙は明るい日なたでも日陰でも白い紙として見え、また白熱電球のような長波長成分の多い光源のもとでも白い紙として見える。これは、脳の調節機能が働くことによって起こる。

色の混合 color mixture
二つ以上の色光、あるいは色料を合わせて他の色をつくることをいう。色の混合は大別して加法混色と減法混色に分けられる。

色の三属性 three attributes of color
色の心理的な三つの属性。色相・明度・彩度のこと。

色の対比 color contrast
並置された二つの色が互いに影響し合って、その相違が強調されて見えることをいう。色の対比には、二つの色を同時に見るときに起きる同時対比と、時間的に前後して見る場合に生じる継時対比がある。

色の連想 color association
色彩を刺激として生じる感情の一種で、個人の生活経験と深い関連があると同時に、社会的、歴史的な先入観によっても影響を受ける。したがって、色を見て何を連想するかということも、このような側面から分けて考えることができる。個人の生活経験に依存するものはかなりばらつきが大きいが、社会的なものは比較的個人差が少ないといえる。

色分解 color separation
カラー印刷やカラーテレビジョンなどで、もとの画像または被写体から二つ以上の原色についての明暗を表す画像をつくること。カラー印刷では、R（赤）、G（緑）、B（青紫）の3種類の色フィルターを通した光によって色分解し、C（シアン）、M（マゼンタ）、Y（イエロー）で印刷するための画像を作成する。

色立体 color solid
色は立体的な三次元空間の1点で表すことができる。このような立体を色立体という。色感覚の三属性である色相・明度・彩度を3軸にとった円筒座標の色立体は、マンセル表色系ほか種々の色立体がある。これら色立体の構成は、各システムによって少しずつ異なっているが、無彩色の明度段階を中心軸にし、そのまわりに有彩色を色相順に配列し、無彩色と同じ明るさをもつ色を同一平面上に配置する。また同じ色相に属するもので彩度の高い色ほど無彩色軸からの距離を大きくして配列する。

インターカラー inter color
国際流行色委員会 (International Committee for Fashion and Textile Colors) によって選ばれた色、また、この組織をいう。

ウェーバー・フェヒナーの法則 Weber Fechner's low
種々の感覚の弁別閾（べんべついき）を測定する実験をすることからフェヒナーが感覚量は刺激量の対数に比例するという法則に発展させた。光が等比級数的に増減する時、目はその明るさが等差級数的に増減する様に感ずる、という事からオストワルトの無彩色の含有量を決める根拠になっている。

演色性 color rendering
照明光が異なると物の色の見え方が変わって見える。この光源による色の見え方の性質を演色性といい、基準となる光源での色の見え方に近いほど、演色性の良い光源ということになる。

縁辺対比 border contrast
色の対比現象の一つで、二つの色が並置されたとき、その縁辺にそって著しい対比が現れる現象をさす。辺縁対比ともいう。

カ

開口色 aperture color
遮光板に開けた孔の中に見える一様な色で、色相、飽和度、明るさなどを有するが、奥行き方向の空間定位が特定できないように知覚され、非常に純粋な色知覚を生じさせることができる。ドイツの心理学者カッツによる色の現象的分類では「面色」にあたる。

回転混色器 rotary mixer
異なる色に塗り分けた円板を、毎秒30回転以上で回転させると、これらの色は混色されて見える。この回転円板による混色を実験するための道具をいう。マックスウェルが最初に用いたので、マックスウェル回転板ともいう。

可視光線 visible ray
人間の目で見ることのできる範囲の電磁波のこと。紫外線と赤外線にはさまれた波長380nm～780nm（ナノメーター）の範囲のものである。

加法混色 additive mixture of color
加法混色とは、2種類以上の色の刺激が網膜上に同時に、または継時的に迅速に刺激した場合に、別な色の感覚が生まれること、また、並置された色が、同時に網膜を刺激して別な色の感覚が生まれることをいう。具体的には、色光の混色、回転円板による混色、織物の縦糸と横糸による混色などがある。この名称は、色光を重ねた場合に混合色がもとの色よりも明度が高くなるところからつけられており、ふつう加法混色の原色には赤・緑・青紫の3色が用いられる。加算混合、加色混合などともいう。

カラーコーディネーション color co-ordination
コーディネートが調整するという意味であることから、色彩を統合し、調和させる意味で用いる。特に色彩計画を遂行するうえで、色彩の統合・調整者をカラーコーディネーターとよぶ。

カラーチャート color chart
色票を系統的に配列したもの。

カラーバランス color balance
配色において使われる用語で、色の形・スペース・大きさ・配置などの相互関係によって起こる均衡感をいう。また、色再現において、各原色の相互の関係をさす場合もある。例えば、無彩色がほぼ忠実に再現されているとき、カラーバランスがよいという。

干渉色 interference color
波が重なりあって、それらが強めあったり、弱めあったりする現象を干渉という。光も波の性質をもっているために干渉が起きる。シャボン玉の色や、コンパクトディスクに虹色が見えるのは干渉による。

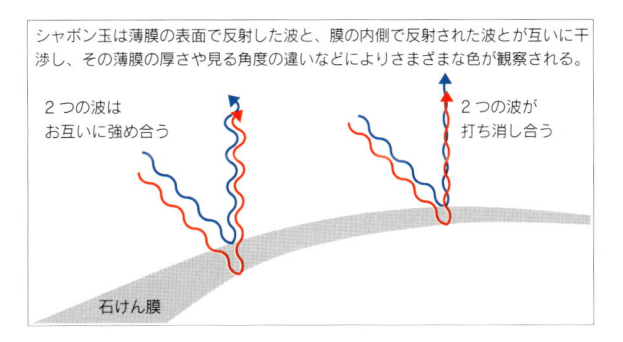

干渉の原理

桿体（かんたい） rod
網膜の視細胞の一種で、明暗のみを感じる。主として暗い所で働く。網膜の周辺部へいくにつれて多く存在する。その形態が桿（さお）のような形をしているところから桿体と呼ばれている。

寒色 cool color
青緑～青～青紫の色で、寒い感じや涼しい感じを与える色。暖色に対して、冷色ともいう。

慣用色名
固有色名の中で、比較的よく知られ、広く使われている色名。

顔料 pigment
水や油に溶けない粒子状の着色料で、印刷インキ・塗料・化粧品・絵の具・プラスチックなどの製造に用いられ、無機顔料と有機顔料に分けることができる。水や油に溶けるものは染料と呼ばれる。

記憶色 memory color
肌の色のように見なれているものの色彩でイメージとして記憶されている色のことをいう。実際の色よりもその対象にとって好ましく感じられる方向に変化して記憶される。多くの場合、明度・彩度が高く、色相もずれて記憶されていることが多い。

輝度 luminance
単位は(cd/m²)で、光源や照明された物体などで見た時の「明るい・まぶしい」という感覚に近い尺度で、同じ光度でも光源が大きいほど減少する。

空間色 volume color
透明な着色液が透明な容器に入っているのを見た時のように、ある容積をしめる透明体の色の見え方をいう。

屈折 refraction
光などの波の性質をもつものが異なる媒質の境界で進行方向を変えることを屈折という。屈折の度合いは媒質によって異なり、この度合いを屈折率という。光の波長によっても屈折率は異なる。短波長の光は屈折率が大きく、長波長の光は屈折率が小さい。プリズムで白色光を分光することができるのはこのことによる。

グラデーション gradation
段階的な色相・明度・彩度などの変化や、形態・質感などの造形上の変化をさす。色彩におけるグラデーションは前者である。

グレイスケール gray scale
白から黒までをいくつかの明度段階に分けて配列した無彩色色票の系列をさし、色票による明度判別の基準として使用する。

継時対比 successive contrast
時間的な差をおいて、二つの色を順次見るときに生ずる色の対比現象で、ある色を見た後に他の色を見ると、単独に見る時とは異なって見える。すなわち、後から見た色は、はじめに見た色の補色に近づいて見える。その色が補色どうしであれば、彩度を増してあざやかに見える。継続対比ともいわれる。

系統色名 systematic color name
色彩分類のために作られたルールによって、赤、黄、緑、青、白、黒などの基本色名に、「明るい」「暗い」「灰み」などの修飾語をつけて色を呼び表す色の表し方。JIS系統色名やPCCS系統色名、ISCC-NBS色名法などがある。

減法混色 subtractive mixture
顔料や印刷インキなどの混色、色フィルターや色セルロイド板などを重ね合わせて光を透過した場合に生ずる混色などをいう。この混色では、混色される色が多くなればなるほど、混合色は暗くなる。減法混色の三原色は、通常、シアン・マゼンタ・イエローの3色が用いられ、この原理を応用したものにカラー印刷・カラー写真などがある。減法混色の名称は混色された色の明度が、もとの色よりも低くなるところからつけられ、減算混合、減色混合などとも呼ばれている。

原色 primary color、fundamental color
黄みの赤・緑・紫みの青の三つの色光を光の三原色〈一般にはR(赤)・G(緑)・B(青)と呼称される〉といい、その混合割合によって、すべての色をつくり出すことができる。この原色は他の色の混合によっては得られない。また、シアン(緑みの青)・マゼンタ(赤紫)・イエロー(黄)の3色を色料の原色として用いる。なお、ヘーリングのいう4色、赤・黄・緑・青を心理的な四原色とする説もある。

虹彩 iris
目の一部で、色素に富み、環状をなしており、瞳孔を囲んでいる。虹彩中の筋肉の働きにより、瞳孔の大きさを変化させ、網膜に入る光の量を調節する。

固有色名
顔料や染料などの原料名を始め、動物・植物・鉱物・自然現象・人名・地名などその色から連想されるものの名前を用いてつけられた色名。昔から伝えられ、使われてきた伝統色名、慣用的に用いられている慣用色名なども固有色名に含まれる。

サ

彩度対比 saturation contrast
彩度の異なる2色が配置された場合、彩度の高い色はいっそうあざやかに見え、彩度の低い色はいっそう低く見える現象をいう。

残像 after image
感覚の原因である刺激が取り除かれてもなお引き続いて見える現象で、主に視感覚に用いられる。視的残像といわれる現象には、正の残像と負の残像があり、正の残像は原刺激と同性質の残像を生じ、負の残像は原刺激と反対の残像が生じる。映画やテレビのなめらかな動きの映像は、正の残像の現象を利用したものであり、補色残像は負の残像の例といえる。

散乱 scattering
光が大気中の分子などによって進む方向を変えることを「散乱」という。空の色については「レイリー散乱」と「ミー散乱」で説明することができる。「レイリー散乱」は大気中の障害物が光の波長よりもはるかに小さい場合で、長い波長の光に対して短い波長の光が多く散乱される。晴れた日の太陽を背にした空が青く見えるのはこのためである。また夕焼けが赤く見えるのは太陽光が長い距離を通過する間に、散乱しやすい短い波長の光が散乱し、散乱しにくい長波長の赤や橙の光が目に届くためである。大気中の粒子が光の波長と同じ程度かそれよりも大きい場合には波長に関係なく全ての波長の光が同じように散乱する。この散乱を「ミー散乱」という。雲が白く見えるのはこのためである。

CIE Commission Internationale de l'Eclairage
国際照明委員会の略。ここで、測色や照明に関する国際的な取決めがなされている。

CIE表色系 CIE standard colorimetic system
1931年にCIEで定めた、XYZ系の3刺激値をもとにして行う物理的測定法に基づく色の表示方法。XYZ表色系ともいわれる。

紫外線 ultraviolet radiation

光をスペクトルに分けたとき、青紫端の外側で、可視光より短波長で目に見えないが、ある種の写真フィルムには感光させる波長10～380nmの電磁波。

色光 colored light
色を有する光で、白色光に対していう。

色材 coloring material
染料・顔料・絵の具など、着色材料の総称。

色彩調節 color conditioning
色彩の心理的、生理的、物理的な効果を応用して、快適で能率的な工場や最良の生活環境などをつくり出すように、色彩の機能を活用すること。

色聴 colored hearing
音によって色彩感覚を生じる現象で、共感覚の一種。低音には暗い色、高音には明るい色が現れる傾向があり、色相は一定傾向がないといわれている。

識別閾 difference limen
光による刺激の差によって識別される視知覚の限界を示すもので、2種類の刺激を識別できる最小の差異。

主観色 subjective color
白と黒だけの線で面を構成された図を回転させたり、細い線で構成した図を見た時に図にない色見が見える現象。主観色のメカニズムは解明されていない。

主波長 dominant wavelength
色相を代表する波長のこと。物体色は各種の波長の光が混合してできたものだが、スペクトル色の光と白色光との混合割合によって、同じような感覚を起こすことができる。このときのスペクトル色の波長をその色の主波長という。

純色 pure color、full color
スペクトルに現れる単色光の色のような、最も彩度の高い色をしていう。実用上は、白や黒などの感覚を伴わない色みの強い色で、顔料や染料から得られる最もあざやかな色をさしていう。

条件等色＝メタメル現象　metamerism
分光分布の異なる2色が、特定の照明条件で同じ色に見えること。色を見る条件を変えると、この等色関係はくずれる。

進出色 advancing colorと後退色 receding color
異なった色を同じ距離から見ると、一方が他方よりも近くに見えたり、後ろに見えたりする。前者を進出色、後者を後退色という。

錐体 cone
網膜の視細胞の一種で、明るい所で働き、色覚および視力に関係する。網膜の中心付近が最も密で、周辺へ行くにしたがって少なくなる。

スペクトル spectrum
光を分光器で分解し、波長の順に並べたもの。ニュートンが日光をプリズムで分解し、赤・橙・黄・緑・青・青紫など連続的に変わる色帯を観測し、スペクトルと名づけたのに始まる。

赤外線 infrared radiation
電磁波の中で波長が可視光線の赤色光より長く、ラジオなどの電波より短いおよそ780nm～1mmの波長をもつもの。1800年、F.W.ハーシェルが、太陽スペクトルの赤色部より長波長側に、熱効果の大きい放射線のあることを発見した。

測色 colorimetry
色彩を計測することで、標準となる色票と目で比べることによって測色する場合（視感測色）と、機械による測色の2種類がある。

タ

耐光性 light resistance
顔料や染料などが日光などによる退色や変色に耐える性質。

単色光 monochromatic light
光をプリズムなどによって分光して得た単一波長からなる光のことで、これ以上分光することはできない色光。

中間色 moderate color
純色に白と黒を混ぜてできる、彩度の低い濁った調子の色。

透過色 transmitted color
色ガラスやセロファンなどの透明な物体を透過した光によって見える色。

同時対比 simultaneous contrast
接近しておかれた2色を同時に見るときに生じる色の対比をいう。その2色は互いに影響し合って、別々に見るときとは異なって感じられる。時間的に並置させる継時対比に対していう。色相対比、明度対比、彩度対比などがある。

透明視
実際に透明なものを使わず、上下の色を混色させることで透明な印象を知覚的に与えること。

透明視

ドミナントカラー dominant color

配色上、統一感を出すためのテクニックの一つで、全体を支配する基調色をさす。色相を中心に考える場合のドミナントヒューと、トーンを中心に考える場合のドミナントトーンがある。

ナ

虹の色 colors of the rainbow

雨上がりなどに、空中に浮かんでいる細かい水滴に光があたると虹が見えることがある。これは、水滴がプリズムと同じはたらきをして分光された色光を見ているためで、図のように光が屈折して水滴の中に入り、水滴の中で1回反射して、出てくるときには分光されて出てくる。見る位置からの角度によって見える色が異なり、虹の外側の赤は42度、内側の青紫は41度の位置に見える。なお、さらに外側にも虹が見えることがあるが、これは水滴の中で2回反射して見える虹で副虹という。

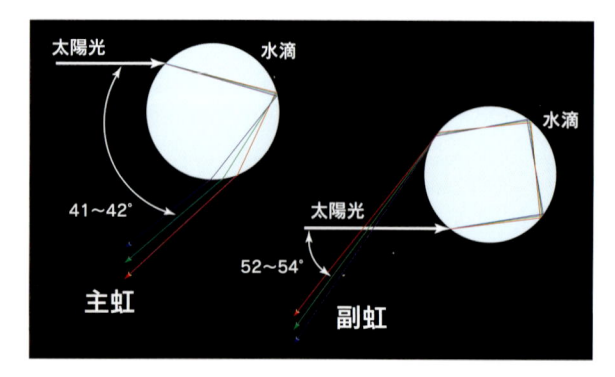

ハ

白色光 white light

太陽の光（自然光）や、それに近い人工照明のように、色みのない光のこと。

薄明視 mesopic vision

明所視と暗所視の中間の明るさの場合で、錐体と桿体の両方が働いている視覚の状態。

波長 wave length

波動が伝わる時のその振動の山から山、または谷から谷までの長さをいう。波長は長さの単位で表されるが、光の波長はnm(ナノメートル:1nmは10億分の1m)という単位で表される。

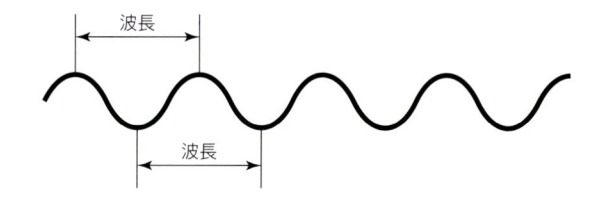

反対色 opposite color

対立する性質をもつ色どうしのことで、高明度色と低明度色、赤と緑、黄と青紫のようなコントラストの強い関係にあるもの。対照色ともいわれ、類似色に対していう。

光 light

物理的には電磁波の一種で、波動的な面と粒子的な面とをもっている。網膜を刺激することによって感知される放射エネルギーの視覚的様相。

標準観測者 standard colorimetric observer

測色上の特性がCIEの等色関数に一致する仮想の観測者で小さなサンプルを観察する場合の標準である。物体の色や光源の色の見え方は同じサンプルでも観測する人によって異なる。この様なことをなくすため、標準的なものに決めた観察方法で評価することが必要になる。

表面色 surface color

一般に、物の色として感じられる不透明な物体の表面に見られる色をいう。すなわち、物体色の中でも、物体表面で反射した光によって現れる色をいう。

物体色 object color

物体から反射または透過する光の色をいう。

プルキンエ現象 purkinje phenomenon

視感覚に関する現象で、光の弱いとき（明け方や夕暮れどきなど）には、赤などのような長波長の光よりも、青のような短波長の光に対して感度が上がる現象をいう。

分光分布〔分光特性〕 spectral distribution

色や光の特性を詳しく表わす場合などに用いられる方法の一つで、可視光範囲の各波長ごとの反射率や透過率をグラフ化して表したもの。

並置混色

織物の縦糸と横糸によって起こる色の見え方など、色の並置によって起こる混色をさす。この混合色は混合する色の平均明度となる。

ヘーリングの説 Hering's color theory

生理学者ヘーリング（K. E. K. Hering 1834〜1918）の色の感覚に関する学説で、3種の網膜視質、いわゆる白黒視質、赤緑視質、黄青視質の3対6感覚を色の基本感覚とし、これらの視質は、光の刺激を受けることによって、それぞれに同化作用または異化作用が起こり、すべての色の感覚を生じるというものである。なお、この説を基礎として、赤・黄・緑・青を心理的原色といっている。

ベンハムトップ Benhem's top

図に示すような白黒のパターンが描かれたコマのこと。ベンハム

の独楽（こま）ともいう。回転させるとうすく色のついた帯が見える。目に白・黒を順次刺激した時に色を感じる現象である。コマの回転のスピードと方向によって見える色が変わる。

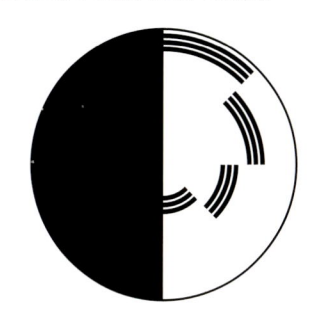

膨張色 expansive colorと収縮色 contractive color
色には見かけの大きさが違う場合がある。見かけの面積が大きく感じられるような色を膨張色といい、面積が小さく感じられるような色を収縮色という。

補色 complementary color
2色を混色することによって無彩色になる色どうしをいう場合と、ある色をしばらく見つめた後、白い紙などに目を転じた場合に残像として現れる色をいう場合があり、前者を物理補色といい、後者を心理補色という。また、色相環で対向位置にある色も補色といい、ＰＣＣＳの色相環で対向位置にある色は心理補色の関係になり、オストワルトシステムの色相環で対向位置にある色は物理補色の関係になる。

マ

マッカロー効果 McCollough effect
赤・黒の縦縞と緑・黒の横縞を交互に観察し、白・黒の縦縞と横縞を見ると、縦縞がうすい緑に、横縞がうすいピンクに見える、マッカローが発見した現象。

マッハバンド Mach band
円盤を高速で回すと白の星型円盤では、内側より明るい白のリングが、黒い星型円盤では黒いリングが円盤の中間に見える。このように光の強さが急に変わる部位に見られる、明暗の帯をいう。

無彩色 achromatic color
色みのない（彩度がない）白・灰色・黒のような色をさす。有彩色に対して使われる。

明清色 tint color
純色に白を混ぜてできる澄んだ調子の色。

明所視 photopic vision
ふつうの明るさで、主に錐体が働いている視覚の状態をいう。したがって、日常生活の大部分は明所視といってよい。明るい所に順応するのを明順応というが、これは暗順応に比べて安定するまでの時間が短い。

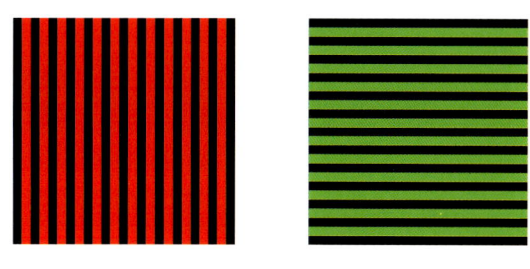

数分間、交互に観察する。

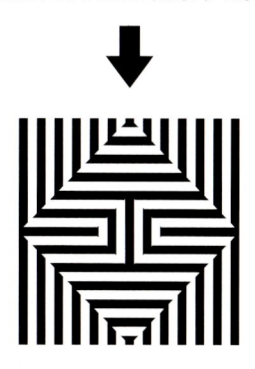

マッカロー効果

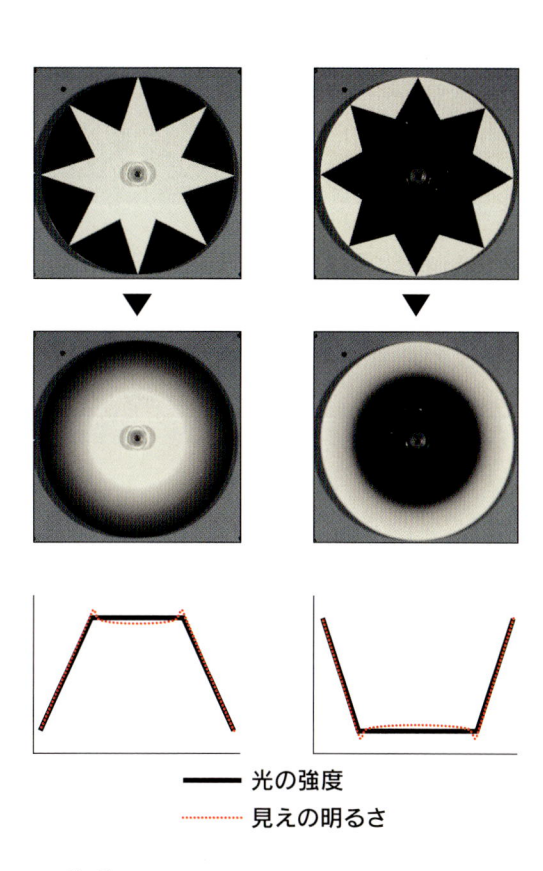

―― 光の強度
……… 見えの明るさ

マッハバンド

明度対比 lightness contrast
明度の異なる色が配置されると、明るい方の色はより明るく、暗い方の色はより暗く感じられる現象をいう。

モノクローム monochrome
単色のこと。映像では白黒のこと。美術では1色だけ使って描いた絵（単色画）のこと。

ヤ

有彩色 chromatic color
赤・黄・緑・青・紫などのように色みのある色のことで、無彩色に対していう。

ラ

リープマン効果
異なる有彩色が隣接しその明度差がない場合、その境界線が曖昧になり、ちらついて図と地の関係が不安になる、このような現象をいう。

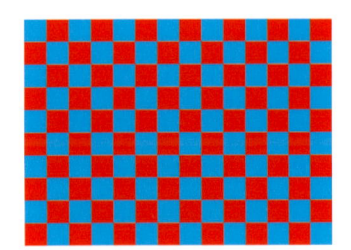

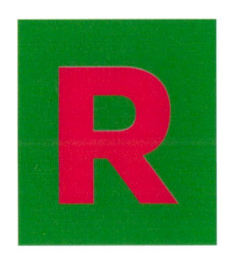

流行色 fashion color
一般には流行している色のことをいうが、デザイン界や産業界では流行予想色の意味に使われる。JAFCA（財団法人日本ファッション協会・流行色情報センター）では、毎年季節に先だって流行予想色を発表している。流行色の推移にも配色との関連が認められ、前に出た色と調和しやすい色が出てくることが多い。例えば、等色相で明度や彩度が変化していく場合や、類似色相や対照色相に移行していく場合などがある。また、流行色の移り変わりには要因があり、過去の資料の統計からその傾向を推測することもある程度可能である。なお、色名をつける場合は、その出典は様々である。

人名

ピュタゴラス（Pythagoras・BC582〜BC496）
ギリシアの哲学者。物体の表面をクロイア（Χροια）、つまり色彩と名づけたのはピュタゴラス派とされている。色彩は白、黒、赤、黄を基本としている。色彩の調和について、数学的比例（音楽の和音との類推）や幾何学的関係によって得られるとした。また、宇宙の秩序を「コスモス」という言葉で表現した最初の人物とされている。

アリストテレス（Aristoteles・BC384〜BC322）
古代ギリシアの哲学者。色は「光と闇、白と黒の混合によって生じる」とし、白と黒の量が、美しい音を出すときの弦の長さの比のような関係であれば、美しい色となると記述している。この考えはピュタゴラスの「和音の発見」すなわち音の数学的比例による調和論を継承した説といえる。

ニュートン（Isaac Newton・1642〜1727）
万有引力の発見など、近代物理学の創始者として有名であるが、色彩についても白色光のプリズムによる分光から色と光の原理を発見した。色彩に関しての著書としては「光学」(1704)がある。

ニュートン

ゲーテ（Johann Wolfgang von Goethe・1749〜1832）
ドイツを代表する文学者であるが、色彩についても、ニュートンが光の面から色彩を探究したのに対して、見た目の色、いわば心理規則の面から色彩を探究した。著者に「色彩論」(1810)がある。

ゲーテ

《参考文献》

WILHELM OSTWALD;『COLOR SCIENCE』(1909)
和田三造;『色名大事典』;東京創元社 (1930)
ゲーテ;岩波文庫『色彩論』;岩波書店 (1952)
FaberBirren;『SELLING COLOR TO PEOPLE』;(1956)
大智浩;『デザインの色彩計画』;美術出版社 (1962)
(財) 日本色彩研究所監修;『標準色彩図表A』;日本色研事業 (1965)
(財) 日本色彩研究所編;『企業と色彩』;日本色研事業 (1966)
塚田敢;『色彩の美学』;紀伊國屋書店 (1966)
(社) 日本流行色協会編;『明治百年日本伝統色』;(社) 日本流行色協会 (1967)
金子隆芳;『色の科学』;みすず書房 (1968)
細野尚志、熊本高工、雨宮政次、他;『学校教育色彩事典』;日本教文 (1968)
タイムライフブックス編;ライフ写真講座『ライトとフィルム』;タイムライフインターナショナル (1970)
ヨハネス・イッテン著、大智浩ほか訳;『ヨハネス・イッテン色彩論』;美術出版社 (1971)
(財) 日本色彩研究所編;『調査用カラーコード』;日本色研事業 (1971)
ヨハネス・イッテン著、大智浩ほか訳;『色彩の芸術』;美術出版社 (1974)
TRANS GERRITSEN;『presence de la coleur』;DESSAIN ET TOLRA(1974)
福田邦夫;『赤橙黄緑青藍紫』;青娥書房 (1977)
木村尚三郎、本間長世;『概説西洋史』;有斐閣 (1977)
日本色研事業編;『ファッションカラー配色集』全4巻;日本色研事業 (1979)
(財) 日本色彩研究所監修;『配色計画の指導』;日本色研事業 (1978)
日本色彩学会編;『新編色彩科学ハンドブック』;東京大学出版会 (1980)
(財) 日本色彩研究所監修;『色名小事典』;日本色研事業 (1981)
細野尚志;『CHROMATON707』;(財) 日本色彩研究所 (1981)
本明寛監修;『カラー・ウォッチング』;小学館 (1982)
中田満雄、北畠耀、細野尚志;『デザインの色彩』;日本色研事業 (1983)
近江源太郎;『造形心理学』;福村出版 (1984)
(社) 日本流行色協会監修;『日本伝統色色名事典』;日本色研事業 (1984)
福田邦夫;『色彩調和の成立事情』;青娥書房 (1985)
(財) 日本色彩研究所監修;『改訂版 慣用色名チャート』;日本色研事業 (2001)
(財) 日本色彩研究所監修;『Color System』;日本色研事業 (1986)
川上元郎;『新版色の常識』;(財) 日本規格協会 (1987)
(財) 日本色彩研究所編;『新色名事典』;日本色研事業 (1987)
(財) 日本色彩研究所編;『日本の伝統色』;読売新聞社 (1987)
(財) 日本色彩研究所監修;『新基本色表シリーズ』全12巻;日本色研事業 (1987)
モーリツ・ツヴィムファー著、粕谷美代訳;『図解色彩学入門 色 光・目・知覚』;美術出版社 (1989)
平井敏夫;『色をはかる』;(財) 日本規格協会 (1989)
(財) 日本色彩研究所監修;『PCCS Harmonic Color Charts201-L』;日本色研事業 (1991)

アーウィン・パノフスキー著、中森義宗、内藤秀雄、清水忠 訳;『視覚芸術の意味』;岩崎美術社 (1991)
(財) 日本色彩研究所監修;『新建築デザイン色票』;日本色研事業 (1992)
川上元郎;『色のおはなし』;(財) 日本規格協会 (1992)
相馬一郎;『暮らしの中の色彩心理』;読売新聞社 (1992)
(財) 日本色彩研究所編;『色彩ワンポイント』全10巻;(財) 日本規格協会 (1993)
金子隆芳;カラーオーダーシステムの構成概念の変遷 (日本色彩学会誌 Vol.17 No.4);日本色彩学会 (1994)
山川偉也;『古代ギリシアの思想』;講談社 (1994)
『JISハンドブック33色彩』;(財) 日本規格協会 (1994)
小町谷朝生;『色彩学』;日本女子大学教育事業部 (1995)
今道友信編集;講座『美学1－美学の歴史』;東京大学出版会 (1995)
今道友信編集;講座『美学5－美学の将来』;東京大学出版会 (1995)
(社) 日本流行色協会協力・日本色研事業編;『ファッションカラー』～55号;日本色研事業 (～1996)
山内昭雄、鮎川武二;『感覚の地図帳』;講談社 (2001)
池田光男、芦澤昌子;『どうして色は色は見えるのか』;平凡社 (1992)
ヨーハン・ヴォルフガング・ゲーテ著、高橋義人、前田富士男、ほか訳;『色彩論 完訳版』;工作舎 (1999)

著者略歴

大井義雄

1934年	東京都墨田区向島生
1956年	麻布獣医科大学獣医学科卒業
1960年	千葉大学工学部工業意匠科卒業 (財)日本色彩研究所に入所
1970年	女子美術大学専任講師 その後、助教授、教授となる
1999年	女子美術大学芸術学部、同大学院定年退職
現在：	女子美術大学名誉教授 日本色彩学会名誉会員、日本デザイン学会、 日本ファッション協会 流行色情報センター、 色彩教育研究会、公共の色彩を考える会　会員

著書：現代デザイン事典（共著）
　　　色彩管理 企業のカラー戦略（共著）
　　　学校教育色彩事典（共著）
　　　建築の色彩計画 学校編（共著）
　　　JAFCA BASIC COLOR CODE（JBCC）
　　　色彩科学ハンドブック（共著）

川崎秀昭

1943年	中華民国山東省青島(チンタオ)生
1966年	桑沢デザイン研究所リビングデザイン科卒業 日本色研事業株式会社入社
1996年	女子美術短期大学助教授
2002年	女子美術大学芸術学部教授
2009年	女子美術大学定年退職
現在：	日本色研事業株式会社取締役 「ファッションカラー誌」、「FaSHioN LaB」編集長 国立市都市景観審議会委員 日本色彩学会・照明学会・色彩教育研究会・ 公共の色彩を考える会会員

著書：カラーコーディネーターのための「配色入門」
　　　日本伝統色色名事典（共著）
　　　ファッションカラー配色集全4巻（共著）
　　　新建築デザイン色票全7巻（共著）
　　　リビングカラー（共著）
　　　Fashion Color Book（編・著）

■ご協力，写真・資料提供（50音順）

旭化成工業㈱（写真提供：P.73）
朝日新聞社（写真提供：P.3図1-4左）
㈱ESQ（写真撮影）
㈱研友フォトサービス（写真提供：P.3図1-4中）
女子美術大学色彩学研究室
㈱世界文化フォト（写真提供：P.73）
㈱Too・企画部（P.75:PANTONE COLOR GUIDE,DIC COLOR GUIDE）
㈱東芝（写真提供：P.3図1-4,右）
㈱日本エアシステム（写真提供：P.73）
(財)日本規格協会（P.74:JIS標準色票）
(財)日本色彩研究所（P.75:CHROMATON707）
(社)日本塗料工業会（P.75:塗料用標準色見本帳）
㈱ボンカラーフォトエイジェンシー（写真提供：P.35,P.48,P.73）
ミサワホーム㈱（写真提供：P.73）

執筆分担　大井義雄（P.8～23、P.34～35、P.43～47、P.74～90）
　　　　　川崎秀昭（P.2～7、P.24～33、P.36～42、P.48～73）

協力　伊藤祥子
装丁デザイン　高尾デザイン事務所
本文DTP　レウム・ノビレ、山口勉デザイン室
編集　畠山富雄、福田知弘、鹿木光一

色の再現性につきましては、4色刷のカラー印刷のため、多少の誤差が生じる場合がありますのでご了承います。

カラーコーディネーター入門

色　彩

平成 8 年 5 月10日　初版第 1 刷発行
令和 5 年 3 月10日　改訂増補第 2 版第16刷発行

著者　　　大井義雄　川崎秀昭　ⓒ1996
監修　　　一般財団法人日本色彩研究所
発行人　　河合 耐
発行所　　日本色研事業株式会社
　　　　　東京都千代田区麹町4-7-5
　　　　　TEL.03-3265-7091㈹
印刷所　　大日本印刷株式会社

禁　無断転載、使用
ISBN978-4-901355-27-8 C0072